东林书院

符号江苏·口袋本

江苏凤凰美术出版社

陆阳 著

Dong Lin
Shu Yuan

图书在版编目（CIP）数据

东林书院 / 陆阳著. -- 南京：江苏凤凰美术出版社，2018.2
（符号江苏·口袋本）
ISBN 978-7-5580-2757-4

Ⅰ. ①东… Ⅱ. ①陆… Ⅲ. ①书院－介绍－无锡
Ⅳ. ①G649.299.533

中国版本图书馆CIP数据核字（2018）第000761号

责任编辑 王林军
摄　　影 马 虹 杨晓伟 陶 谱
责任校对 吕猛进
责任监印 朱晓燕

书　　名 东林书院
著　　者 陆 阳
出版发行 江苏凤凰美术出版社（南京市中央路165号 邮编：210009）
出版社网址 http://www.jsmscbs.com.cn
制　　版 南京新华丰制版有限公司
印　　刷 江苏凤凰印务有限公司
开　　本 787mm×1092mm 1/32
印　　张 4.25
版　　次 2018年2月第1版 2018年2月第1次印刷
标准书号 ISBN 978-7-5580-2757-4
定　　价 26.00元

营销部电话 025-68155790 营销部地址 南京市中央路165号

"符号江苏"编委会

CONTENTS 目录

引 言 …… 9

一、东林春秋 …… 12
创建 …… 12
振兴 …… 16
被毁 …… 23
余韵 …… 26

二、倡道东南 …… 31
东林会约 …… 31
力倡原儒 …… 38
志在世道 …… 46

三、历代名贤 …… 54

"播火者"杨时……54
"东林先生"顾宪成……68
"景逸先生"高攀龙……81

四、书院揽胜……96

中轴线……97

书院大门……97
石牌坊……98
旗杆石……100
泮池……100
东林精舍……101
丽泽堂……102
依庸堂……104
燕居庙……106
三公祠……108

东轴线……109

道南祠……109
东林报功祠……109
再得草庐……109
还经亭和正心亭……111
时雨斋……113

西轴线……115

晚翠山房 ……………………………………115
来复斋 ………………………………………116
寻乐处 ………………………………………117
心鉴斋 ………………………………………117
东西长廊 ……………………………………118
小辨斋 ………………………………………120

五、千古名联……………………………… 125

引 言

作为我国历史上重要的传统教育机构，书院发轫于唐，盛于宋，明清逐渐向官学化发展，到清末改为学堂。

北宋初年，后来并称为“四大书院”的应天书院、岳麓书院、白鹿洞书院和嵩阳书院都已初具规模。由侯遗创建于北宋天圣二年（1024）的茅山书院（又名金山书院），是江苏境内目前有记录可查的最早创建的书院，一度为北宋“六大书院”之一。据统计，有宋一代，江苏境内有书院22处，元代有13处，明朝因前期建都南京，书院更趋发达，计有71处之多。

清初，朝廷大力建立各种官学。雍正时期，江苏分别在省会江宁（南京）及苏州两地各设一处书院，即钟山书院、紫阳书院。此举带动了全省书院的发展，到乾隆时期江苏书院总数达 42 处之多。据统计，在整个清朝，江苏有各类书院总计 167 处，不但超过前代的记录，在全国各省中也处于遥遥领先地位。

历数江苏近千年间的书院，名声大、影响广者，莫过于东林书院。柳贻徵在《江苏书院志初稿》中说："合宋元明清四代江苏书院衡之，盖无有过于东林书院者矣。"

北宋政和元年（1111），理学家杨时在无锡结舍讲学，是为东林书院之始。

近 500 年后，明万历三十二年（1604），顾宪成、高攀龙、顾允成等一批志同道合的学人，重建复兴了东林书院，发起东林大会，聚众讲学。

作为官学的对立和补充，书院之始出，即倡导自由讲学的精神，阐发文化。但自元代中叶以后，书院逐渐官学化，讲学的精神和个性逐渐消隐。书院从读书讲学的地方，演变成科举预备学校。复兴后的东林书院继承并发扬了自由讲学的传统，要求学人尊经立志、明辨是非、分清学脉道统、纠正时学之偏。同时提倡摒除谈空说玄的陋习，关心国事、讽议朝政、裁量人物，主张革除朝野积弊、振兴吏治。

一时，东林书院成为议论朝政的舆论中心与江南学术活动区会，受时人称誉不已，甚至到了“凡一论之正，一人之不随流俗者，无不谓之东林”的地步。

由于猛烈抨击和坚决反对阉党擅权，东林士人受到了阉党的疯狂报复和血腥镇压。在灾难面前，东林士人并没有退缩，也没有逃避，而是挺身而出、慷慨赴死，以鲜血和生命捍卫自己的尊严和信念。

东林书院也在一片腥风血雨中被拆毁，但一个精神家园却从此傲然屹立，至今崔巍。

“风声雨声读书声，声声入耳；家事国事天下事，事事关心。”顾宪成所撰的这副脍炙人口的对联，今天依然悬挂在东林书院依庸堂内。这副对联流传数百年，已经成为一代又一代中国知识分子难以挥去的政治文化情结，成为以时代、国家、民族大义检验每一个知识分子的试金石。

一副名联，一群知识分子，一段可歌可泣的往事，造就了一座千古流芳的书院。

一、东林春秋

创建

在东林书院的院志上，最早出现的一个名字，并不是后来名噪华夏的东林学者当中的任何一位，而是杨时。

杨时画像

杨时（1053—1135），生于南剑西镛州（今福建将乐）龙池团，原字行可，后改为中立，号龟山，故被尊称为龟山先生。杨时早年曾受学于理学大家程颢、程颐兄弟。自北宋政和元年（1111）来到无锡，于建炎三年（1129）离开，前后在此讲学 18 年之久。

由于杨时先前在多地任职，有经邦济世的体验，又深得理学真谛，因此讲学深透，真正达到了传道、授业、解惑的目的，特别受到弟子的欢迎。后来听讲的人越来越多，于是他就创建了东林书院。

关于“东林”的由来，清代学者钱肃润在《东林书院前记》中说：“东林书院者，宋杨文靖公龟山先生讲道地也。地以‘东林’名者何？先生素爱庐山之胜，尝于道上感而有赋，诗曰：‘寂寞莲塘七百秋，溪云庭月两悠悠。我来欲问林间道，万叠松声自唱酬。’斯言也，有道存矣。及归而讲道锡邑，其地即以‘东林’名。”

东林寺，在江西庐山西麓，创建于东晋太元九年

庐山东林寺

（384），是我国佛教净土宗（莲宗）发源地，江南地区重要佛教文化活动中心之一。东晋年间，名僧慧远在此建寺讲学，并创设白莲社，遍邀各地有学问僧众、居士，共同翻译佛经，讲述教义。东林寺在唐时极盛，扬州高僧鉴真东渡日本前也来该寺，后与该寺和尚智恩同渡日本传经讲学，慧远和东林净土宗的教义也随之传入日本。至今，日本东林教仍尊慧远为始祖，以庐山东林寺为祖庭。所以，该寺在中国佛教史以及中外文化交流史上都有重要影响与贡献。

杨时在游历东林寺时，作有《东林道上闲步》诗三首。其中第一首就是上面所引内容。第二首曰：“百年陈迹水溶溶，尚忆高人寄此中。晋代衣冠谁复在？虎溪长有白莲风。”第三首曰：“碧眼庞眉老比丘，云根高卧语难酬。萧然丈室无人问，一炷庐峰顶上浮。”上述三首诗，提到

杨时诗《东林道上闲步》

了庐山五老峰、东林寺前虎溪以及东林寺历史、白莲社旧事等。

由此观之，杨时为书院取名“东林”，并非单纯出于“爱庐山东林之胜”，更主要是执意继承和发扬白莲社之风，聚徒讲学，继承和传播二程学说。

到了明朝，东林书院复兴，每年凡是讲会举行歌仪时，即以《东林道上闲步》诗中第一首内容作为众人齐声唱咏的歌词，实际是明代东林书院讲学的“院歌”。可见此诗对东林书院影响之深和它的重要作用。

由于杨时号龟山，所以书院也被称为“龟山书院”。

在理学思想的传播上，东林书院是一座举足轻重的桥梁，而杨时便是这座桥梁的建造者。儒学为国学，古今尽知。而儒学到了宋代，便发展成为儒、道、佛互相渗透的唯心主义思想体系——程朱理学。程颢、程颐兄弟与朱熹之间，地距千里，人隔百年，程颢、程颐居河南洛阳，朱熹乔居福建建阳。理学南迁，杨时是当之无愧的播种人。杨早年受业于程颢、程颐，学成后在无锡讲学，后又南下福建讲学数十年，把二程理学传入南方，开创理学的“道南系”。朱熹为其三传

道南祠图（光绪本《东林书院志》）

弟子，至此“闽学”兴起，与“濂学”、“洛学”、“关学”并称，其间作为播火者的杨时功不可没。因此，杨时被尊为“南渡大师”、“闽学鼻祖”，在中国思想史和文化史上占有重要位置。

杨时离锡后，地方人士在书院东面建造了“道南祠”以示纪念。据载，杨时学成南归时，他的老师程颢说过一句夸赞的话：“吾道南矣！”

振兴

杨时走后，东林书院经历了近 500 年的荒废和寂寞，其间一度成为僧寺所在。直到明万历三十二年，也就是公元 1604 年，一位从“庙堂之高”走向“江湖之远”的学人的出现。

他就是顾宪成，“断头政治”时代的落魄者，试图用“讲学”这种方式来对“大黑暗时代”行使“舆论监督”的观察家。东林书院因他的出现而名满天下，他也因东林书院而使一生的事业走向辉煌。

顾宪成画像

顾宪成（1550—1612），字叔时，号泾阳，无锡县泾里（今江苏省无锡市锡山区张泾）人。他是一位纯粹意义上的“读书种子”，万历四年（1576）

赴应天府（今江苏省南京市）参加乡试，结果以第一名中举，真可谓“一举成名”。4 年后，又在会试中被录取为二甲第二名，赐进士出身。从此，怀瑾握玉的顾宪成踌躇满志地踏上了仕途，开始了他 10 多年的宦海生涯。结果书生气十足的他屡受挫折，未经几个回合便败下阵来。万历二十二年（1594）九月，顾宪成因犯颜直谏“忤旨”，被削职放回原籍。

“居庙堂之高，则忧其君；处江湖之远，则忧其民。”退居乡野的顾宪成，清醒地认识到国家不兴，政体混乱，士林芜杂，其原因皆在于教育不倡。心怀其忧的他，没有消极地寄情山水，而是立志以树风声为己任，以讲学系道脉，绛帐教书，自觉担当起“为往圣继绝学”的使命。

顾宪成虽然仕途并不顺畅，但他的人格魅力和学问道德已经深入人心，吸引了众多学子前来求学。顾宪成不顾病体，不管其贫富贵贱，一视同仁，热情接待。小小的泾里镇上，连祠宇、客栈和自己周围邻居家都住满了客人，顾宪成与长兄性成、次兄自成及弟弟允成商量，在住宅南边造了几十间书舍供来人居住。夫人朱氏给学生们烧饭做菜，使学徒来了就像回到家里一样。泾溪南北，昼则书声琅琅，夜则烛火辉辉，一派日以继夜奋发攻读的景象。许多已有功名、才学亦高的学者，也慕名前来求教。

在讲学活动中，顾宪成意识到："日月逝矣，百工居肆以成事，吾曹可无讲习之所乎？"他迫切感到必须创设一个更为有效的联络同仁的讲学场所，从而将分散的讲学活动变成一个有协调有组织的统一活动。万历三十二年（1604），在顾宪成和一批同道学者的共同努力下，官府终于批准在无锡城东门内的东林遗址重建兴复东林书院。十月，顾宪成会同顾允成、高攀龙、安希范、刘元珍、钱一本、薛敷教、叶茂才（时称东林八君子）等人发起东林大会，聚众讲学。顾宪成首任东林书院的主讲，又亲自为书院讲会审订了宗旨及具体会约仪式。

追溯历史，理学由程颢、程颐兄弟开创，并由杨时传播南方，到南宋分立门户。朱熹一支主张"理"是超绝的、独立存在的实体，是先天地而生而又派生万事万物的，这就是客观唯心主义的理学。另一支是陆九渊，他主张"心即理"，理在心中，这就是主观唯心主义的理学。在入门方法上，朱熹主张"道问学"，由格物致知而上通天理，先做读书的下学功夫；陆九渊主张"尊德性"，要求直指心性，先立其大者，反对搞支离破碎的传注工作。

朱学在南宋受到推崇而成为官方哲学，并在元代得到继承和发扬。到了明代，王阳明继承陆九渊强调"心即是理"之思想，反对程颐、朱熹通过事事物物追求"至理"的"格物致知"方法，提倡"致良知"，从自己内心中去寻找“理”，“理”全在人“心”。王学在明中叶以后盛极一时，大传天下。但到了末流，王学已经远离了王阳明的初旨，完全跳出了名教范畴，开始出现玄虚内省、无善无恶的片面、极端现象，放荡无所归宿，任性自适，一切无是无非，不务实学。加之王学本身流派众多，且互不为伍，导致当时儒生思想陷入混乱。

对此，痛心疾首的顾宪成极力兴复宋明理学，立志将儒家学说重新归置到对习经、研经、传经的正轨之上。《明史·顾宪成传》记载：顾宪成“力辟王守仁‘无善无恶心之体’之说”。《明史·高攀龙传》亦云：“初海内学者，率宗王守仁，攀龙心非之。”在知行观上，顾宪成等东林学者批评了王学末流的只言本体、“不说工夫”，强调本体与工夫的合一；否定了“见（现）成良知”，改造了孟子的“良知良能”说，倡导经过“学”和“虑”而达到“良知良能”，并针对当时王学末流的“空言之弊”，竭力反对空谈心性，倡导“贵实行”。

东林书院的讲学活动较多，内容丰富，主要采取“讲会”的形式。讲会活动定期举行，每年一大会，每月一小会，每隔三日，推选一人为主持。讲会之日，必举行隆重的仪式，讲学内容主要为“四书”。讲授时，与会者“各虚怀以听”，讲授结束，相互讨论，会间还相互歌诗唱和。

无论是“讲会”的形式，还是“求实”的内容，东林书院的盛装登场，让文化视野久已滞涩的明朝士林顿时感觉眼前一亮。

天下响应，四方来集，每年一次的大会有时多至千人，不大的书院竟成了当时国内人文荟萃的重要会区。“上自京口，下至浙江以西，同志毕集，相与讲德论学，雍容一堂……远近绅士、邑中父老子弟，或来相请，或来聚观，其盛况为自古以来所未有。”

东林书院闻名于当时，不仅是因为学术上的主张切中时弊，更重要的原因是东林学者“讲习之余，往往讽议朝政，裁量人物”。他们瞄准庙堂高处，针对时弊，直陈沉疴，大胆发言，率尔指责，提出了“利国”、“益民”的改良建议和设想。在改革朝政方面，他们抨击科举弊端，提倡不分等级贵贱破格用人；提倡“依法而治”，试图以法治限制君权和“不肖者”的贪赃枉法。在经济方面，他们提出“恤穷人、体富民”，主张“曲体商人之意”，惠商恤民，减轻赋税，进而提出“士农工商，生人之本业”，把“商”与“士农”一样并列为“本业”，对“重农抑商”传统思想进行了有力的突破。

一时，海内士大夫仰慕应和，闻风响附。不满时政的天下清流君子，以小小的东林书院为精神地标，彼此呼应，同声谐频，隔空致意，形成了一个前所未有的评说天下大事、清洗乾坤的话语集散地。

东林书院，迎来了最为辉煌的时期。然而，在辉煌的背后，却也隐藏着深深的危机。

当顾宪成、高攀龙等学者在东林书院聚众讲学、立志“救时拯世”之时，朝中官宦也形成了宣昆、齐、楚、浙

东林书院大门

牌坊正面

牌坊背面

东林书院全景

等不同党派，各召朋徒，视东林学者为异己，并肆意进行攻击。

自此，东林书院陷入四面楚歌的困境，每月前来参加东林例会的人员锐减，只有寥寥几位的君子。

万历四十年（1612），被指控为“讲学东林，遥执朝政”的顾宪成走完了他 62 岁的人生历程。

被毁

天启元年，公元 1621 年，明熹宗即位。此时的大明王朝，已经走向了腐朽的顶点。

此时东林书院的主持者，是顾宪成的同乡、学生兼同志高攀龙。

高攀龙，（1562–1626）字存之，又字云从，别号景逸，早年就学于顾宪成，公余研读二程与朱熹的著作，以程朱理学为宗。与老师顾宪成一样，高攀龙也以刚正敢言著称，为官期间屡屡上疏指斥时弊，弹劾奸党，也因犯颜直谏而贬官、革职。回乡后，高攀龙追随老师顾宪成，广结天下同仁，通过“清议”的方式干预时政。

高攀龙画像

在顾宪成死后的 10 年中，面对日被构陷、锋镝纷起

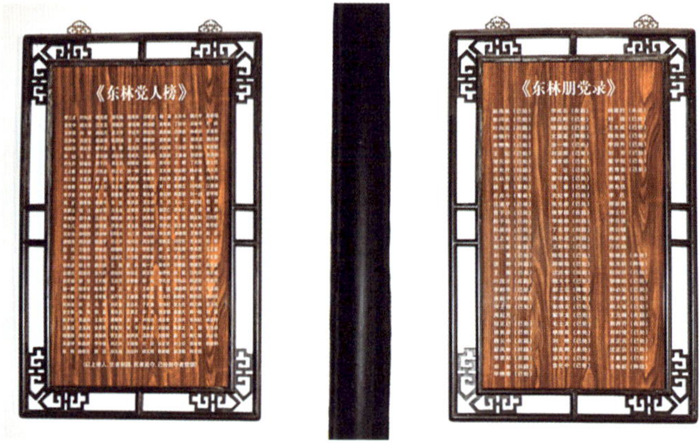

《东林党人榜》和《东林朋党录》

的东林书院，高攀龙矢志不渝，艰难前行。他勉励东林同志："此吾辈一大炉缸，不如是，真者不成其真，赝者不成其赝，东林不成其东林。"

漫漫的不懈坚持，终于等来了重重阴霾散去的那一天，见到了久违的放晴之日。明熹宗登基之始，大量起用东林人士，高攀龙也重新得到起用。此时的东林人士们，由在野的清流，一变而为主持朝政的主要力量。《明史》记述："东林势盛，众正盈朝。"可谓盛极一时。

然而，这只是假象，更大的一场暴风雨即将来临。

一场东林清流与阉党之间的公开较量，很快就在庙堂之上展开。天启四年（1624），左副都御史杨涟首先发难，列数魏忠贤二十四条大罪，讨伐魏忠贤并要求铲除阉党。但阴险毒辣的魏忠贤并没有被击倒，他采用栽赃陷害、编织罪名等卑劣手法和伎俩，向东林人士反扑。天启五年（1625），阉党向皇帝奏请，毁拆全国书院，而且提出“恐根株不拔，引蔓牵藤”。因高攀龙的维护，东林书院仅拆除了依庸堂，但讲会却遭到禁止，书院成了荒芜的废院。

全面控制朝政的阉党继而开始大兴冤狱，向东林人士举起了血淋淋的屠刀。杨涟、魏大中、左光斗、顾大章等人被捕下狱，相继死于狱中。

高攀龙，自然不会逃脱这场劫难。

天启六年（1626）二月，阉党再兴冤狱，派缇骑逮捕

东林学者群像

周起元、高攀龙、周顺昌等 7 人。高攀龙闻讯后，于三月十六日晚留下遗书，换上朝服，从容自沉。

大雅委地，斯文倾圮。同年五月，经过 22 年讲学风雨沧桑的东林书院，除道南祠外被全部拆毁。

余韵

崇祯元年（1628），明思宗即位后，立即惩处阉党，为蒙冤的东林人士平反昭雪，并下诏将各地书院宜表彰者尽行修复。从第二年起，书院的主体建筑逐步兴复，至崇祯六年（1633）大致复原。书院门额由吴桂森题写，曰“东林精舍”。

吴桂森（？—1632），字叔美，号觐华，是顾宪成、高攀龙等人的学术盟友，亲身经历了明末阉人迫害东林人士的重大事件和社会变故。在他的主持下，一度中断的东林讲学诸事又得以恢复。经过一番风雨后，东林书院“名益高，人乃以附东林为荣”，又重新焕发出了勃勃生机。

继吴桂森之后，高攀龙之侄高世泰主持东林书院修复和讲学。

高世泰（1604—1676？），字汇旃，晚号石屋遗民。他幼年好学强记，“少侍东林讲席，忠宪公（高攀龙）即以道器许之”。崇祯年间考中进士，进入仕途，后任满回籍，从此家居，“无日不以东林先绪为己任”。清顺治十二年

（1655）春季，高世泰捐资对书院进行修建。经此次修理后，东林书院除依庸堂这一重要主体建筑尚未修复外，其余大部分明末被毁建筑均得到恢复，书院基本恢复旧貌。

高世泰从明末至清初，主持东林书院讲会前后达30年之久。他的学术思想近守顾、高之教，远宗二程、朱熹之说。当时四方学者相率造庐问道无锡，与高世泰往复讨论理学。其中祁州刁包笃信高攀龙之学，与高世泰长年研讨东林学派思想，故当时学界有“南梁北祁”之称。

在康熙、雍正、乾隆三朝，东林书院又进行过几轮重大的修缮，讲学、祭祀、藏书建筑及生活用房等基本恢复到明代万历年间形制规模和原来院貌，并有所增建。其中东林书院主体重要建筑依庸堂，在拆毁80年后，于康熙三十三年（1694）正式修复落成。同时，由无锡许献等人编纂的《东林书院志》二十二卷也于雍正十一年（1733）

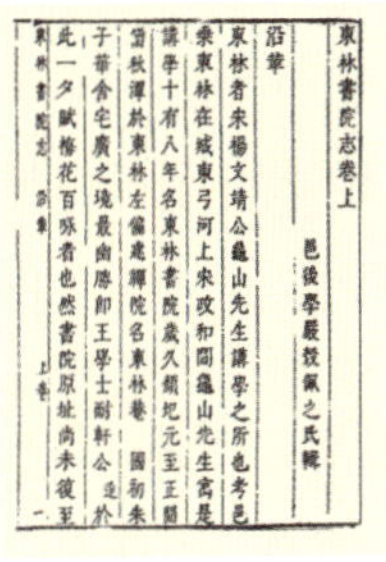
東林書院志卷上
邑後學嚴瑴佩之氏輯
沿革
東林者宋楊文靖公龜山先生講學之所也考邑
乘東林在城東弓河上宋政和間龜山先生寓是
講學十有八年名東林書院歲久頹圮元至正間
僧泐潭於東林左偏建釋院名東林菴　國初朱
子華舍宅廣之境最幽勝即王學士耐軒公寓於
此一夕賦梅花百咏者也然書院原址尚未復至
東林書院志　卷上　一

康熙本《东林书院志》书影

光绪重镌《东林书院志》内封书影

正式刊行问世，这是记载东林书院创建始末、兴毁大端及沿革历史、人物轶事、祠祀典仪、会约规条、碑文典籍等项内容的书院专志。它胪列史事详备，体例完整，内容翔实，是人们认识了解和研究东林书院的必读之书和重要文献。

从清雍正末年起，东林书院讲学性质发生了重要变化，由学者讲会的书院向地方学官督察的课士式书院转化。书院重订《规条》，考课生童入院肄业，总共生童人数约达200余名。“所谓肄业者，不过习科举之业”，“东林本前贤讲学地。其以举业课士，始于雍正末年”。东林书院考课生童，一直延续到清光绪末年。

自顾宪成、高攀龙重建东林书院，到清末历时270余年，会众讲学之风历代承继，延续不断，在中国书院教育发展史上堪称壮举。

清光绪二十八年（1902），东林学院转制改为高等小学堂“东林学堂”，这是无锡地区最早兴办的新式学校之一。民国三十六年（1947），因东林书院祠宇岁久失修，由吴敬恒、唐文治、钱基博、顾宝琛等30人发起集议恢复明清讲学旧观，对东林书院进行全面整修。唐文治还撰写了碑文，“惟愿我乡邦人士，景仰前徽，保气节于将坠”。

新中国成立后，人民政府非常重视历史古迹的保护。1982年，无锡市人民政府对其主体建筑等又进行了修复，后又于1994年和2002年进行修缮，主要建筑均保持明清时期布局形制与历史风貌，并对外开放。目前，东林书院为江苏省文物保护单位和全国重点文物保护单位。

中华书局 2004 年版《东林书院志》封面

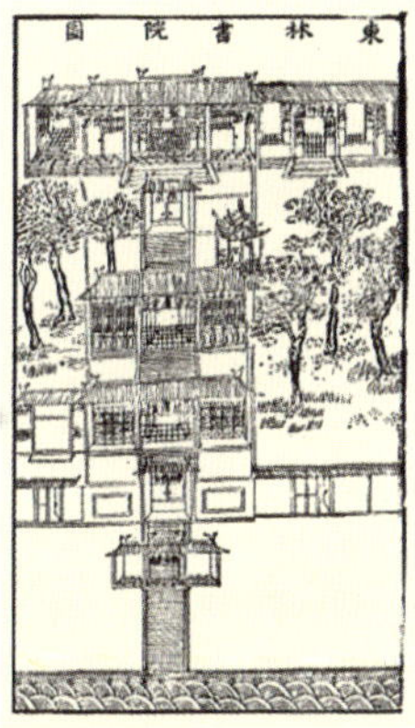

东林书院图（光绪年间）

1910 年的东林书院

1920 年的东林书院

二、倡道东南

东林会约

东林书院复兴后，顾宪成参照朱熹《白鹿洞书院教条》，并加以适当引申而拟订了《东林会约》。顾宪成对《白鹿洞书院教条》极为推崇："愚惟朱子《白鹿洞规》至矣尽矣，士希贤，贤希圣，举不出此矣。东林之会，惟是相与讲明而服行之，又何加焉。"

《东林会约》内容大体分为三个部分。

首先，开列孔子、颜渊、曾参、子思、孟子为学的要旨，作为儒者入门正心的准则，要求从学者不断进取，有志于学，肩负起在当世恢复儒家传统道德的重任。

其次，罗列“修身”、“接物”、“处事”等修炼内容，以“博学之、审问之、慎思之、明辨之、笃行之”为纲，而尤重笃行，强调学的结果最终要归于行动。

第三，拟定了“饬四要、破二惑、崇九益、屏九损”几项具体内容。这是《东林会约》的主体内容，反映了东林书院当时讲学的教育指导思想与时代特征。

所谓“饬四要”，就是提请学人注意四个求学要点。一为知本：认为学、问、思、辨、行等方面，目的主要在于穷理；二为立志：认为人的一生事业精神主要反映在立志上，要求从自身上寻找与圣贤的差距；三为尊经：尊崇儒家经典道统，要求一字一句体察印证，循循不已；四为审几：潜心体认事物细微变化之理，反省讲学的念头是诚心还是虚伪，是求立身要义还是“树标志，张门面”，是讲究实学还是徒慕虚名。

所谓“破二惑”，就是在求学过程中破除“迂阔而不切，又高远而难从”和“学顾力行”两个片面做法，达到迁善改过等目的。顾宪成说：“此其不必惑也。不当惑而惑，昧也；不必惑而惑，懦也。协而破之是在吾党。”

所谓“崇九益”，就是概括东林之会的九大好处：一是以德义相切磨，达到圣贤的高度要求；二是四方的宿学硕儒齐集，使众多学人能够得以受教；三是长幼相聚一堂，各自默察自策，达到精神振奋，耳目一新；四是所谈为仁义之事，所动为礼法之举，使学人身临其境，自受教益；五是师友之间济济一堂，相互切磋，声应气求，容易辨明真理；六是诸事直接质诸大众之中，人多智广，片言只语，迎刃而解；七是师生纵论古今，弃旧图新，对每人终身产生重大影响；八是身临先师之地，心受圣贤之教，能以圣贤为榜样，严格要求自己；九是能使学人从根本上立志、立节、立德、立功。

所谓“屏九损”，就是要竭力避免九个方面的陋习：比昵狎玩、党同伐异、假公行私、评议是非、谈论琐怪、文过饰非、多言人过、执事争辩、道听途说。

《东林会约》的主旨，是要求书院师生，继承杨时的精神，上承周敦颐、程颢、程颐，下接朱熹等理学大师，反对王学的陋习。《会约》中的“四要”、“九益”就是顾宪成发挥程、朱精神而加以具体化，“二惑”、“九损”正是王学末流的通病。

概括说来，《东林会约》总的精神，就是要求学者遵照朱熹白鹿洞教条要旨，胸怀大志，诚意从学，做到讲与行一致，使讲学不图虚名，而为国家社会育人；并广泛联系同志，从严要求，互相探讨，达到增加闻见、整肃风习的作用。

顾宪成说：“愚所条具，大都就白鹿洞规引而申之耳，非能有以益也。”但《东林会约》内容与《白鹿洞教条》比较起来，显得更为具体、详备。应该说，《东林会约》是目前所见古代书院所拟会规中较为完备者。高攀龙在《东林会约·序》中指出：“先生复为约，指示一时，从游者修持之要。攀龙读而叹曰：‘至矣，无以加矣。’”希望莅临讲会学者遵守此约，不负期望。清人许献也指出：说《东林会约》“卫道救时，周详恳到”，并说：“是时海内论学者诸贤各有宗旨，亦每有会约，而莫如此约之醇正的实者。”

作为明代的重要文化学术中心，东林书院形成了一套完备的讲会制度。书院讲会活动产生于南宋，至明代中叶之后逐渐制度化、规范化，东林书院的讲会正是明代书院讲会制度的突出代表。顾宪成制订的《东林会约》，还对“会约仪式”作了具体而又详尽的规定：

一、每年一大会，或春或秋，临时酌定。先半月遣帖启知。每月一小会，除正月、六月、七月、十二月祁寒盛暑不举外，二月、八月，以仲丁之日为始，余月以十四日为始，各三日。愿赴者至，不必遍启。

二、大会之首日，恭捧圣像悬于前堂。午初击鼓三声，各具本等冠服，诣圣像前行四拜礼。随至道南祠，礼亦如之。礼毕，入讲堂，东西分坐，先各郡各县，次本郡本县，次会主。各以齿为序，或分不可同班者，退一席。俟众已齐集，东西相对二揖。申末，击磬三声，东西相对一揖，仍诣圣像前及道南祠，肃揖而退。第二日、第三日免拜。早晚肃揖，用常服。其小会，二月、八月，如第一日之礼，余月如第二日、第三日之礼。

三、大会每年推一人为主，小会每月推一人为主，周而复始。

四、大会设知宾二人。愿与会者，先期通一刺于知宾，即登入门籍。会日，设木柝于门，客至，阍者击柝传报知宾，延入讲堂。

五、每会推一人为主，说“四书”一章。此外有问则问，有商量则商量。凡在会中，各虚怀以听，即有所见，须俟两下讲话已毕，更端呈请，不必搀乱。

六、会日，久坐之后，宜歌诗一二章，以为荡涤凝滞、开发性灵之助。须互相唱和，反复涵咏，每章至数遍，庶几心口融洽，神明自通，有深长之味也。

七、会众毕聚，惟静乃肃。须烦各约束从者，令于门外听候，勿得混入，以致喧扰。

八、每会须设门籍，一以稽赴会之疏密，验现在之勤惰，一以稽赴会之人，他日何所究竟，作将来之法戒也。

九、每会设茶点随意，令人传递，不必布席。

十、各郡各县同志临会，午饭四位一席，二荤二素；晚饭荤素共六色，酒数行。第三日之晚，每席加果四色，汤点一道，攒盒一具，亦四位一席，酒不拘，意惬而止。

十一、同志会集，宜省繁文，以求实益，故揖止班揖，会散亦不交拜。惟主会者遇远客至，即以一公帖迎谒。客至会所，以止共受一帖。其同会中有从未相识，欲拜者，止于会所，各以单帖通名，庶不至疲敝精神，反生厌苦；其有不可已者，俟会毕行之。

从以上十一项会约仪式，可以窥见当年书院讲会的大致状况。会约所定条目，从讲会的时间、程序、主持人、内容，到来宾接待、相互交往、生活饮食都一应俱有。讲会定期举行，每年一大会，每月一小会，各三日，推选一人为主持。讲会之日，必举行隆重的仪式。来宾远至，击柝传报，延入讲堂，给讲会参加者以一种自重自尊的约束。即使是“草野之齐民，总角之童子”，在此种情境下也会产生一种约束收敛之情。开讲之前的仪式则一丝不苟，首先在鼓声中具服行拜圣像，然后依次坐定，再在磬声中相对揖礼。讲学内容主要为“四书”，讲授时，与会者“各虚怀以听”，讲授结束，相互讨论、商量和辩难。会间还相互歌诗唱和，以活跃气氛，启发志趣。同时对讲会的茶点、饮食安排等，也都作了具体规定。

东林讲学是在特定历史条件下进行的，是适应时代、社会和学者们的共同需要兴盛起来的。讲学活动除严寒酷暑外，都定期会讲，这就将原来士绅的分散游学形式变成了集中固定的、有组织的讲学活动。而且讲会跨出书院，同社会上的学术活动相结合，学者不分尊卑、不限地区、不论长少、不收学费，只要愿意，均可参加。讲授形式十分灵活，除由主讲者先说“四书”一章外，有问题就进行集体讨论研究，采取答辩方式。这样一来，东林讲会俨然成为无锡乃至江南地区盛极一时的学术活动中心，并成为周边关中、江右、徽州书院的楷模。

我国自古就有教育祭祀的传统。《礼记》载：“凡学，春官释菜于其先师，秋冬亦如之。凡始立学者，必释奠于先圣先师。”东林书院忠实继承了这一传统，每年都要举行春秋两季的释菜礼和释奠礼。祭祀的主要对象除先圣先师孔子外，同时还有程颐、杨时、朱熹等程朱学派先贤，用以激励后学继承遗教，保持和发扬这一学派的传统学风。为此《东林会约》还规定了对他们的祭祀仪式每年正月上甲日举行“释菜”礼，每年春、秋两季仲月仲丁日行“释奠”礼，用以进行书院的传统教育。所谓释菜，就是用芹、藻之类菜蔬和枣、栗等几色果品礼待先师孔子。释奠稍丰盛些，需用全羊全猪在神位前置爵进行祭祀。释菜礼、释奠礼整个祭祀过程十分复杂，包括季节、日期、时辰、服饰、祭器、祭品等都有区别与具体规定，各设专人，各司其职。主要陪祭人员要提前斋戒，修身反省，节制饮食。

明朝崇祯年间东林书院重建，直到清朝初期，吴桂森、高世泰先后主持讲学。他们对《东林会约》进行了重新审订，除了会讲礼仪、管理等内容稍有差异外，其中最为关键的讲学宗旨，较顾、高时期发生了明显变化，就是着重儒家经典著述探索研究，主要是“解经论史”，穷理尽性，对朝野是非得失很少论及。这点与万历年间顾、高主持东林书院期间所定讲学宗旨要求学人关心国事、“地方事宜留心剖析”等截然不同，并形成鲜明对照。这是书院后继者对历史与现实社会进行反思后，为了维系平常讲学，而对学人所做出的必然而又带有几分无奈的改变。

力倡原儒

在审订《东林会约》之时，顾宪成特意辑录了孔子和颜子（渊）、曾子、子思、孟子等历代先儒的语录，其中有孔子的“吾十有五而志于学。三十而立，四十而不惑，五十而知天命，六十而耳顺，七十而从心所欲，不逾矩”，有子思有关《大学》中对正心、诚意、修身、齐家、治国的相互关系认识的语录，以及其“喜怒哀乐之未发谓之中，发而皆中节谓之和。中也者，天下之大本也；和也者，天下之达道也”等。所以择要辑录上述语录，目的主要希望学人熟习儒家经史著述，纠正时学之偏，使学术轨道重新回归到原儒的精神要旨。这是东林讲学的大纲大纪，也是兴办书院的意图所在。

道南祠

2016 年释菜礼和释奠礼现场

“四书”、“五经”等儒家经史著述，自然成为东林书院所反复讲解和强调的主要内容。会讲之时，由主讲者先行讲解有关章节的内容，然后进行集体讨论研究，解难释疑。顾宪成对《大学》一书推崇备至，认为诸家之说可直接求之于《大学》之中，其内容文字，只能稍加抽绎解说，不能妄添一辞。《周易》作为“五经”之首，也是东林讲学中探讨研究的重要内容。顾宪成是位精通《易》学的大家，他曾将《周易》一书从头到尾批注几遍，认识深刻，极有见地。他曾指出：“吾读《周易》，而得穷理之说焉……吾读《周易》，而得博约之说焉……”他从哲学角度，以理学的思辨逻辑来理解《周易》，概括得较为简洁明了，容易使人理解。高攀龙、钱一本、吴桂森等人，都是擅长《周易》学的著名学者。在儒家哲学著述中，东林讲学反复讨论的还有周敦颐的《太极图说》、张载的《西铭》、程颐的《识仁篇》以及《河图洛书》《八卦九畴》等。

在讲习之余，学人就各自关心或感兴趣的问题展开讨论时，“或参身心密切，或叩诗书要义，或考古今人物，或商经济实事，或究乡井利害”。其中“商经济实事”与“究乡井利害”等方面内容显然不是书本理论问题，而是实际应用的具体实践。学者唐鹤征说他曾“日与同郡龚道立、顾宪成辈讲学东林书院。诸儒语录、天文、地理、阴阳、术数家，靡不究及”，足见东林讲学内容较为广泛、丰富和实用。

对一些当时学界讨论的重大哲学理论问题，参加会讲的学者从各自理解角度提出商量，顾宪成、高攀龙等负责逐一解答，在场门人作详细记录，然后经主讲者审定，再付梓刊行，作为书院讲会时的辅助教材之一。顾宪成《东林商语》、高攀龙《东林论学语》之类，即是此类作品。这可以说是东林书院的主要理论著述和科研学术成果，当时在国内具有领先水平。

晚明之时，王阳明的“心学”思潮盛极一时，但也出现了极端化、片面化的末流趋势。顾宪成、高攀龙重建东林书院，倡导东林会讲，正是旨在对王学末流加以匡正，重塑正统的世道人心。

王阳明（1472—1529），名守仁，字伯安，浙江绍兴府余姚县（今浙江省余姚市）人。明代著名的思想家、文

王阳明画像

朱熹画像

学家、哲学家和军事家。因曾筑室于会稽山阳明洞，自号阳明子，学者称之为阳明先生。早年研习朱熹思想，为了实践朱熹的“格物致知”，有一次下决心穷竹之理，“格”了三天三夜的竹子，什么都没有发现，人却因此病倒。从此，王阳明对“格物”学说产生了极大的怀疑，这就是中国哲学史上著名的“守仁格竹”。后谪居贵州龙场，感悟到格物致知之说，并终生笃信坚守不疑。他认为，理本应在心上，如果离了心，就没有所谓的理；“格物”不是非要与事物相接触，而是正其不正，以归其正；“致知”并非一定要明白所有的道理来充实自己，而是“致良知”。这就是以王阳明为代表的“阳明学派”，亦即“心学”，或称“王学”，其成就冠绝有明一代，并传至日本、朝鲜半岛以及东南亚。作为心学集大成者的王阳明，与儒学创始人孔子、儒学集大成者孟子、理学集大成者朱熹，在传统儒学史上并称为孔、孟、朱、王。

王阳明死后，其学大传天下，盛极一时。其中，他的两位弟子龙溪先生王畿、泰州先生王艮出力尤大。然而，正如孔子身后儒分八派，他们各取宗师一角，深研细钻，但造成的结果是：在学术貌似繁荣的虚表下，他们却在解构并曲解师学，将王学推向了片面化、极端化的末流。

王畿、王艮之后，其门人更将王学推向极端，到罗汝芳这里走得更为偏远。他竭力反对宋儒的理学，以不学不虑为标的，以天地万物同体、彻形骸、忘物我为所宗，认为人生只需解缆放船，顺风张棹，纯任自然便是，一切无是无非。其学，已经具有了浓厚的老、庄特征，这就完全跳出了名教范畴，脱离了儒家轨道。

王阳明生前曾提醒弟子："不加实践，以入于精微，则渐有轻灭世故，阔略伦物之病。虽比世之庸庸琐琐者不同，其为未得于道一也。故孔子在陈，思归以裁之，使入于道耳。诸君讲学，但患未得此意。今幸见此，正好精诣力造，以求至于道，无以一见自足而终止于狂也。"在他身后，果真出现了这样的结局。

顾宪成看到了这个岌岌可危的学术现状。所以，他决定站出来棒喝，指出王学末流的空虚不实，告诉天下人何为正学。

顾宪成早年潜心王学，中年后转向朱学。他认为："以考亭（朱熹）为宗，其弊也拘；以姚江（王阳明）为宗，其弊也荡。拘者有所不为，荡者无所不为。拘者人性所厌，顺而决之为易；荡者人情所便，逆而挽之为难。昔孔子论礼之弊，而曰：与其奢也，宁俭。然则论学之弊，亦应曰：与其荡也，宁拘。此其所以逊朱子也。"在王学与朱学之间，他选择了后者。"惟危惟微，惟精惟一，是从念虑事为上格；无稽之言勿听，勿询之谋勿庸，是就文字讲论上格。即圣人亦不能外是四者。朱子所云，固彻上彻下语也。"

他这样认定。

那么，又该如何匡正王学末流？顾宪成认为必须回到程朱理学的轨道。在《请复东林书院公启》中，顾宪成就明确表示要继承程朱遗训，他说："有宋龟山杨先生受业两程夫子，载道而南，一时学者翕然从之，尊为正宗。考锡乘，先生常讲学是邑十有八年，建有东林书院，岁久旁落为东林庵，而书院废免，距今五百余年。俯仰顾盼，莫不喟然叹息。某等僭不自量，欲相与共图兴复，念祠堂以崇先哲之懿范，则道脉系焉。书院以广友朋之丽泽，则学脉系焉。所关重大若此，非籍崇灵不足以树风声而垂永永也。"从而直接程朱道统，表彰正学，振起来学，使"九峰二泉之间，行将坐收濂洛关闽之胜"。高攀龙在为顾宪成所作的传记中评价道："先生辟东林雅舍，偕同志讲明

二程画像

性善之旨，以濂溪无欲为宗，表里始终然不滓。”

高攀龙比顾宪成更激进，他对王学完全持批判的立场。他认为王阳明的心学，甚至不能与“河东学派”的薛瑄相比。虽然二者的学说都有欠缺，但薛瑄之学病于实，而阳明之学病于虚，实病易消，虚病难补。因此，与其病其虚，不如病其实。学术，应该回到朱熹、薛瑄的学术正途上。

“居平日取圣贤书循循而读之，内体诸身而合，外应之事而顺，自不觉其笃信而深好之。故自《学》《庸》《语》《孟》、周、程、张、朱诸书而外，不敢泛有所读。确守师说，亦不敢自立所见。出而应世，一秉其所信，亦不敢有所委曲求济于其间。”他这样认为。

综而述之，东林学者按其学术流派来讲，拥护程朱学说，而对王学加以抨击，但他们彼此之间的主张却不相同，与程朱的学说也不完全一致。这个新的学派，被称为“东林学派”。晚明心学大儒刘宗周说：“东林之学，泾阳（顾宪成）导其源，景逸（高攀龙）始入细，至先生（孙慎行）而另辟见解矣。”

志在世道

“风声雨声读书声，声声入耳；家事国事天下事，事事关心”，是顾宪成题写的对联。这副对联脍炙人口，流芳几百年，成为一代代学子的座右铭和生命格言。

古代教育，以德育为主，奉儒家经典为正统，重视修身养性和社会伦理教育。但这种教育方式，随科举制的发展而逐渐僵化和教条。明代黄宗羲在他的专著《明儒学案》中，记有顾氏兄弟这样一段对话：“一日，（允成）喟然而叹，泾阳（宪成）曰：何叹也？曰：吾叹夫今之讲学者，恁是天崩地陷，他也不管，只管讲学耳。泾阳曰：然则所讲何事？曰：在缙绅只明哲保身一句，在布衣只传食诸侯一句。泾阳为之慨然。”

顾宪成对学术道德的追求，与他经邦治世的政治热情是分不开的。他曾说：“官辇毂，念头不在君父上；官封疆，念头不在百姓上；至于水间林下，三三两两，相与讲求性命，切磨德义，念头不在世道上，即有他美，君子不齿也。”他还说自己“生平有二癖，一是好善癖，一是忧世癖，二者合并而发，情不自禁”。顾宪成如是说，也如是行。在朝时刚正不阿，敢于直谏，多次被贬谪。即使被革职，回归故里，也并没有消极隐居，放逸山林，从此不问世事，而是虽身居“水边林下”，却仍“志在世道”。在讲学时，积极讨论国家大事，倡导不可为讲学而讲学，不可只为个人之私心而讲学，“会讲中必杂以时事，讲毕立即刊为讲章，传布远近。讲章内各邑之行事有与之左者，必速改图，其令乃得安”，真所谓“无念不在国家，无一言一事不关心世教”。

正是在他身体力行的带头之下，东林学派经常在讲学之余，“讽议朝政，裁量人物”，希冀通过清议、陈疏的形式，发表政治主张，进而影响政治走向，达到经世致用、救时拯世的理想。

东林学派具体的政治主张，集中体现在“拔贤才”和“除民贼”两个方面。

拔贤才，即“进君子、退小人”，改变“人才日剥落”的情况。顾宪成大声疾呼，要求朝廷广开言路、破格用人，“所当君子，破格而进之；所当小人，破格而退之”。他在吏部任职期间，对于选拔君子、弹劾小人不遗余力，宣称“满腔热肠，不浪用之小人，而必用之君子”。清人秦松龄这样论及顾宪成：“先生在吏部惟以进君子、退小人为务，不惮与执政忤。至得罪以去，虽林居犹与当路者反复别白言之。”顾宪成清醒地认识到，能否多进君子、退小人，关键要看朝廷当权者。他直截了当地给首辅申时行上书说：“君子在朝，非君子自能在朝也，本之君子之领袖，为之连茹而进也。今宁无君子之领袖乎？有之，是宜君子日多，而何未见其多也？小人在朝，非小人自能在朝也，本之小人之领袖，为之连茹而进也。无之，则宜小人日少，而何未见其少也？宪不得而知也。”这段话，似责问又似鼓励，但道理确是显而易见的。

在积极建言进君子、退小人的同时，顾宪成对于当时的科举邪风深恶痛绝，叹息“迩来士习日下，奔竞成风”。顾宪成认为主持科考，应当客观公允，不能意气用事，“科场，公典也，不可意也。意而收之，昵也。意而弃之，矫也。二者其失，等也。”他疾呼：“士亦何择于贵贱也！贵而取贵焉，贱而取贱也，惟其当而已。”在他看来，有意选拔和有意弃用都是不对的，选拔人才应当“付之无心而已”。明中期以后，在国情平稳的表象下，官员结党现象严重，操纵科举，科举舞弊现象屡见不鲜。为此，高攀龙上《破格用人疏》，另一东林人物钱一本更是提出“大破常格，公天下以选举”的激进主张。可以说，针对科举的改革意见，是顾宪成等人执清议、论朝政的延续，是从源头处为国取士的改革尝试。

除民贼，即铲除以魏忠贤为首的阉党宦官，以及假公行私的官吏集团。万历初期，张居正尽揽朝权、朝纲独断、凌驾幼主。待明神宗重拾皇权后却庸怠朝政二十余年，宦官已然成为一股独立势力，可与阁臣分庭抗礼，宦官、阁臣共执朝事已是朝野上下公开的秘密。顾宪成眼见朝政日益不堪，与东林士人掀起了激烈的斗争，先后逼迫明神宗立长为继、替换疏职阁臣，一时东林声望大振。即使退居乡野之后，顾宪成仍然着眼于政治、法治等秩序的维护，在王锡爵退阁、李三才荐举、宦官专权的诸多朝政问题上无一不关心、无一不坚定地发表意见。

顾宪成十分看重“群”的力量，对于“结群”有精辟论述：“自古未有关闭门户独自做成的圣贤，自古圣贤未有离群绝类、孤立无与的学问。……于是群一乡之善士讲习，即一乡之善皆收而为吾之善，而精神充满乎一乡矣！群一国之善士讲习，即一国之善皆收而为吾之善，而精神充满乎一国矣！群天下之善士讲习，即天下之善皆收而为吾之善，而精神充满乎天下矣。”“我吴尽多君子，若能联属为一，相牵相引，接天地之善脉于无穷，岂非大胜事哉。”在《东林会约》中规定：“今兹之舍，近则邑之矜绅集焉，远则四方之尊宿名硕时惠临焉。其有向慕而来者，即草野齐民，总角之童子，皆得环而听教，所联属多矣。”广联“同志”，壮大阵营，最大程度地发挥舆论的政治影响，正是顾宪成等学者重兴东林书院的目的所在。

那么，东林学派与朝廷当权者之间的政治观点是否契合？或者是否冲突呢？《明儒学案》中记录了去官之前的顾宪成与首辅王锡爵之间一段这样的对话：

娄江（王锡爵）谓先生（顾宪成）曰：“近有怪事，知之乎？”先生曰：“何也？”曰：“内阁所是，外论必以为非；内阁所非，外论必以为是。”先生曰：“外间亦有怪事。”公曰：“何也？”曰：“外论所是，内阁必以为非；外论所非，内阁必以为是。”

这样的互相非难，可以代表东林士人与当政者在诸多方面相互对峙的情景，也从侧面反映了东林学派政治主张对政局的影响。

在对待民众态度上，顾宪成说：“天下之患莫大于无民。无民者，殃民也。”并说：“四海九州之内，无一不为生民计用。”明代后期，虐民最严重的，莫过于矿监税吏的欺诈掠夺和滥肆搜括。面对这种情况，顾宪成致书无锡地方官，痛斥税吏之灾。“长此不已，只出里门便有税已，只一蔬一腐皆应有税……民何所措手足矣？”

东林书院对当时的社会风尚产生了深刻的影响，连妇孺童叟都知道东林士人为贤者。陈鼎《东林列传》记载：“虽黄童、白叟、妇人、女子皆知东林为贤。贩夫竖子或相诮让，辄曰：‘妆东林贤者耶？何其清白如是耶？’”

东林书院大开了朝野议论时政，关心国家安危的风气。“朝士慕其风者，多遥相应和”；“士大夫抱道忤时者，率退居林野，闻风响附，学舍至不能容”。一时，“远近名贤，同声相应，天下学者，咸以东林为归”。正如《东林书院志》所载：书院“合天下为席，非一乡一邑，而梁溪（无锡）实为漆沮发源地之所”。

顾宪成塑像（鼋头渚“无锡人杰苑”）

高攀龙塑像（鼋头渚“无锡人杰苑”）

三、历代名贤

“播火者”杨时

北宋政和元年（1111），无锡来了一位操着闽南口音的老人。在东门内七箭河畔，他见到这里前临清流、古木森天、郁郁葱葱，正是讲学的好场所。于是，这位老人在这里搭建学舍，创建书院，聚徒讲学，传道授业。

这位老人正是杨时，当时的理学大儒。杨时，原字行可，后改为中立，皇祐五年（1053）生于南剑西镛州（今福建将乐），因家住龟山下，故又号龟山。

杨时学成南归，到常州、无锡讲学，与当时两个好友

杨时雕像

有着直接关系：一是毗陵（常州）籍学者邹浩。邹浩为官期间曾因直谏屡遭贬谪，与杨时极为友善。二是宋代著名宰相李纲，其先祖乃福建邵武人，其祖赓徙居无锡，故自号“梁溪漫叟”，以敢言著称，与杨时在朝中政见一致，同为当时朝中主战抗金名臣。

正是在政和元年（1111）春，挚友邹浩病重，杨时特地前来探视，初寓毗陵之龟巢巷。邹浩去世后，杨时干脆徙居毗陵，先是暂驻城西书院教授生徒，后在无锡设立东林书院。清康熙年间无锡籍词人顾贞观指出：“锡故有东林书院，宋杨龟山先生所居。杨先生令萧山归，依邹忠公志完于毗陵。忠公寻卒，依李忠定伯纪于梁溪（无锡），凡十八年。往来毗陵、梁溪间，栖止东林，阐伊洛之学。”

杨时创建东林书院之时，已是年近六旬的老人，到建炎三年(1129)离开无锡之时，已然76岁。他在这里的讲学，期间虽因出仕的缘故而有所中断，但前后长达18年之久。《宋史·杨时传》曰“时浮沉州县四十有七年”，他一生一半多的时间“安与州县，未尝求闻达”，都在聚徒讲学、传道授业。这样，他在东林书院的讲学，占去了他一生讲学时间的三分之一。

杨时以东林书院作为“洛学”的传播中心，虽年过花甲，仍讲学不辍，诲人不倦，长达十数年，培养了喻樗、罗从彦等一大批知名学者。“二程”理学经他的继承和改造，被注入了新的活力，“德望日重，四方之士，不远千里从之游”，足见其影响之大。

让杨时想不到的是：在他身后400年后，他所一手创建的东林书院会成为中国书院的楷模，“天下言书院者，首东林”。新一代的东林后人讲学于其间，追慕古贤、聊抒胸臆，抨击时弊、慷慨陈词，与阉党、邪党抗衡，力讦他们的秽状劣迹。

“此日不再得，颓波注扶桑。跹跹黄小群，毛发忽已苍。愿言媢学子，共惜此日光……”这首劝学诗，又名《读书含云寺示学者》，是杨时48岁返乡讲学之际所作。诗中谆谆告诫后学，要甘于清贫，爱惜光阴，勤奋学习，注重道德修养，不追名逐利。

这，正是杨时一生的真实写照。

杨时 8 岁时便能指物赋诗，人称“神童”。15 岁时离开家乡，赴邵武求学，潜心经史，直至18岁方回乡备考。宋熙宁九年（1076），24 岁的杨时高中进士，次年被授予汀州司户参军。但他不求闻达，以病为由没有赴任，在家闭门读书，前后达 6 年之久。

元丰四年（1081），29 岁的杨时被授徐州司法。听闻程颢、程颐二位大师在中原传授孔孟之学，深为向往。于是，杨时不远千里至河南颍昌拜师程颢，潜心研习儒学。程颢常教他体验“喜怒哀乐未发之中”，杨时领悟通彻。程颢很器重他，说：“中立（杨时）最会得容易。”当杨时南归时，程颢目送他说：“吾道南矣！”意思是说：我的学术学问及理学道义，将传布到南方去了。

元丰八年（1085），程颢病逝，杨时悲痛万分，设灵堂哭祭老师亡灵，并挥泪疾书祭文和《哀辞》，一一致信异地的同窗好友。在《哀辞》中，杨时直陈自身“伏纸摧咽，言不伦次”之状，尊师之情，感人至深。

程颢病逝后，杨时继续从学程颢之弟程颐。其间留下了“程门立雪”的千古佳话。

那是元祐八年（1093）年冬日的一天午后，杨时在赴浏阳知县任时，绕道洛阳，求教恩师程颐。

当日，朔风凛凛，瑞雪霏霏。杨时与好友游酢进入洛阳程颐寓所时，只见程颐正闭目静坐，便在堂下右廊伫立恭候。不知不觉，天色已晚，程颐醒来，言："贤辈尚在此乎？"发现杨、游二人仍然站立右廊，连忙招呼他俩上厅入座，待二人与老师谈完离开时，地上积雪已一尺多厚了。

《宋史·杨时传》记载："见程颐于洛，时盖年四十矣。一日见颐，颐偶瞑坐，时与游酢侍立下去。颐既觉，则门外雪深一尺矣。"

《河南程氏外书》卷十二记："游、杨初见伊川，伊川瞑目而坐，二子侍立。既觉，顾谓曰：贤辈尚在此乎？日既晚，且休矣。及出门，门外之雪深一尺。"

那时，杨时年已不惑，24 岁考中进士的他，早已名满天下，其尊师重教尚能如此，可谓当世楷模。正是凭着学无止境的态度，杨时在学术上大放光彩，与游酢、吕大临、谢良佐合称"程门四先生"。

此后，"程门立雪"的故事流传后世，成为中国文化中尊师、重教、重道的重要符号。

学成南归的杨时，始终铭记二程训导，以维系洛学正统为己任，一生讲学著述不倦，为理学在南方的发扬光大打下了良好基础。在给游酢的信中，他曾说："先生之门所存，惟吾二人耳，不得不任其责也。"

二程塑像

二程秉承孔孟之传统，述而不著，身后留下著作甚少。金人入主中原，二程开创的“洛学”面临存亡绝续的危机。值此磨难之际，杨时不惧时危，挺身而出，承担起了整理先师作品之任。

《伊川易传》，是程颐最重要的著作之一。程颐生前仅有不完备的手稿，几经辗转，这份手稿落到杨时手上时，已是“错乱重复，几不可读”。杨时耗费一年心血，才将此书整理出来。《伊川易传》的整理编订，正是杨时在讲学无锡时期完成的。他说：“东归，待次毗陵，乃始校定，去其重复。逾年而始完。”毗陵，指东林书院所在地域，即今江苏省无锡、常州。此后，他又根据追随二程左右问学的笔记，参与编订《二程粹言》《伊川先生文集》《程氏经说》等著作。

正是因为杨时不遗余力地抢救师说，并尽一生来传师道，并且能真实反映并发扬二程思想，后人将杨时推为“程氏正宗”。

杨时不仅是一个著名的理学家，还是一个很有影响的政治家，他在担任地方官吏时，所到之处“皆有惠政，民思之不忘”。

在虔州任司法时，杨时熟习律令，办案果断、执法公正。任内许多疑案，众官不能解决的，杨时都能公允而明快地判决。在浏阳任知县时，地方先遭严重旱灾，继而连降暴雨，杨时积极上书朝廷，反映实情，赈济灾民，从而活民无数。在余杭任知县时，奸相蔡京为营构其母墓葬风水，借口“便民”，命令浚湖蓄水。此举将淹没大批田庄，杨时不畏权贵，坚决抵制这一害民之举。在萧山任知县时，杨时开筑湘湖，“以灌九乡，至今民赖其利”。

宋徽宗奢侈荒淫，对奇花异石情有独钟，蔡京、童贯、朱勔等人投其所好，派人在江浙一带大肆搜刮。仅朱勔主持的苏杭应奉局，用来运送奇花异石的船只就多达 2400 多艘。朱勔之流还乘机敲诈勒索，大发横财。百姓对此怨声载道。杨时对他们的行径深恶痛绝，在《余杭见闻》中，愤然写道：“今天下上至朝廷大臣，下至州县官吏，莫不以欺诞为能事，而未有以救之！”“今天下非徒不从上令，而有司亦不自守成法。……其如法何？”他批评朝廷：“免夫之役，毒被海内，西城聚敛，东南花石，其害尤甚。前此盖尝罢之，诏墨未干，而花石供奉之舟已衔尾矣。今虽复早前令，而祸根不除，人谁信之？”

宣和六年（1124），杨时在 71 岁之时被荐入朝。其时，北宋王朝的时局，在内忧外患的交迫之下已经摇摇欲坠。北方的金朝虎视眈眈，对宋朝构成了极大的威胁。杨时力主抗击外族入侵，反对割地求和。这一年，金军南侵，统率西路军的童贯不战，弃军而逃，导致黄河以北土地尽陷金人之手。宋徽宗引咎自责，让位于钦宗。杨时不惧强权，在朝堂之上公然斥责并力奏乞诛童贯。靖康元年（1126），金军大举南下，渡过黄河，包围汴京。朝廷内部主和派主据上风，主战最力的李纲因反对和约而被罢斥，激起开封军民的愤慨。以太学生陈东为首的都城士民数万人涌向城阙，上书请愿。一时京师骚动，议论纷纷。朝廷为防他们暴乱，准备武力镇压。杨时挺身而出，力辩诸生与士民无罪，并接任国子监祭酒之职劝退军民，化解了危机。宋钦宗一意求和，依金朝的条件，割让太原、中山、河间三镇。杨时上书直谏，怒斥此议是“欲助寇而自攻也”。之后，他又上疏乞诛坐拥重兵、视太原危急而不救的姚古。

可惜的是，杨时许多救国安邦的提议未被采纳。结果不到一年时间金兵大举南征，北宋灭亡，留下了永难洗刷的“靖康耻”。对此，同时代的学者胡安国不无愤慨地指出：“当时如能听用，须救得一半。”

因为救国无门，杨时在南宋初年“乞归林泉”，回到龟山故居，开始了新一轮孜孜矻矻的讲学传道。

杨时的著述非常之多，多收集于四十二卷本的《杨龟山先生文集》中。杨时是二程高足，他的哲学观点和认识论发挥和丰富了二程学说。

首先，发展了程颐的“理一分殊”学说。杨时认为：“天下之物，理一而分殊。”即强调世界多元性的统一，是由“理一分殊”产生的。并说：“天下之物，理一而分殊。……事物有体必有用。”又说：“知其理一，所以为仁。知其分殊，所以为义。”杨时将事物的体用关系与社会道德伦理关系都用“理一分殊”来进行解释，比较通俗易懂，又显得自然完善。杨时“理一分殊”说为后来朱熹的“一本万殊”说提供了理论依据。现在的东林书院内有副对联，对杨时“理一分殊”说作了充分肯定。其曰：“载道而南，揭理一分殊之旨，十八年春风化雨；奉神以祀，萃仁至义尽之儒，两三朝威风祥麟。”

其次，对二程“格物致知”论也有进一步发挥。他说：“学始于致知，终于知至而止焉。致知在格物，物固不可胜穷也，反身而诚，则举天下之物在我矣。”强调格物要“诚”，诚即内心体验。这种认识论虽属唯心观点，但他强调格物致知目的，主要想通过各种途径来达到认识物理事理的目的，这点是可取的。

第三，杨时认为太极即为“自然之理”。这一论述发展了二程“万物皆是一个天理”的思想，成为后来朱熹的理一元论的哲学观念产生的先导。

杨时的理学思想，在当时流传甚广，在朝鲜、日本的影响很大。宋嘉定十六年（1223），宋使臣到高丽（今朝鲜），高丽国王急切地问道：“龟山先生安在？”

在理学发展史上，杨时的最大贡献在于“倡道东南”，把以周敦颐和程颢、程颐为代表的“濂学”和“洛学”，

游定夫祠

从北方引进到福建和南方诸省。二程理学思想，通过杨时在东南一传罗从彦，再传李侗，三传朱熹。经过长期量的积累和认识的不断深化，朱熹成为“理学集大成者”，“闽学”由此兴起，理学也因此达到了一个前所未有的高峰。顾宪成手订的《东林会约》，指出杨时的学术地位，“先生上承濂洛，下启考亭，四先生之精神，直与天地相始终。而先生之精神，又与四先生相始终”。

回溯历史，自汉武帝罢黜百家，置五经博士以后，传习儒经便成为士林学子的主要追求。汉代传习儒经，注重解释经文，所以称为“训诂之学”或“考据之学”，也就是后世所谓的“汉学”。到了魏晋之时，玄学大盛，

程门立雪（国画）

程门立雪处

讲求虚无；唐代佛学又兴，讲“觉”谈“语”，儒学相形见绌。为了对抗释、老，重拾儒学地位，理学在有宋一代应时而生。

理学，用属于哲学要领的“理”或“天理”来代替人格化的天帝，并竭力抬高“理”或“天理”的地位，把它称之为不可抗拒的自然法则或规律。实际上，“理”或“天理”就是纲常之道，无可逃于天地之间。与此同时，理学还借鉴佛学理论，大讲修养心性，教导人们“存天理、灭人欲”，以发挥纲常之道。

杨时是理学中不可或缺的重要符号，堪称“播火者”。杨时对于理学，或者理学之于杨时，都是不可或缺的。

南宋绍兴五年（1135），杨时去世，终年83岁，葬于将乐县城南郊乌石山麓。朝廷赐“左大中大夫”，又赠“太师”“大中大夫”等封号，谥“文靖”，并在将乐龟山麓建立“龟山书院”、“道南祠”，宋高宗赵构为书院题名。此后，到了清朝，圣祖玄烨题匾“程氏正宗”。1986年，政府对这一古迹进行了修葺，墓前建拜亭一座，古雅雄伟，亭前匾题“倡道东南”，后匾题“程氏正宗”。墓地面南背北，宽3米，进深3.5米，入口处立两尊石狮，墓碑整齐遒劲地刻着“宋龟山文靖杨先生神墓”大字，为明成化六年（1470）巡按御史滕昭师所书。

杨时墓

杨时纪念馆

龟山陵园拜亭

“东林先生”顾宪成

提起东林书院，不得不说起一个人。他就是东林书院的复兴者和精神领袖，被尊称为“东林先生”的顾宪成。

顾宪成，字叔时，号泾阳，明嘉靖二十九年（1550）生于无锡泾里一个典型的平民之家。父亲顾学，为生计开了爿豆腐作坊。他为人洒脱豪爽，用顾宪成的话说：“生而倜傥负气，不耐博士家言，独游于诸稗家，喜罗氏《水浒传》……闲与客论天下事，往往抗手掀髯长太息。”

这个寄愤浊世，不爱“五经”爱《水浒》的农家汉子，没有将儿子的未来寄托在他所向往的一片水草丰茂的水泊之中，而是放在循规蹈矩的书桌上。于是，6 岁的顾宪成进入私塾开蒙，在儒家“四书”、“五经”的熏陶中快乐地成长。

史书称顾宪成“姿性绝人，幼即有志圣学”。年少的他在自家冷风穿壁的墙上写下“读得孔书才是乐，纵居颜巷不为贫”，以自铭其志。他博览群书，涉猎广泛，尤好王阳明的心学，自道：“尝受阳明先生《传习录》而悦之，朝夕佩习不敢忘。”到15岁时，他与弟弟顾允成一同跟随一位叫张原洛的老师学习。张原洛“授书不拘传注，直据其所自得者为说”，很善于突破固有教条，独抒己见。而顾宪成跟着老师“听之，辄有会”，甚至还常常突破老师的教谕，提出自己更为精深的见解。张原洛对之赏识与惊讶之余，叹息说：“举子业不足以竟子之学，盍问道于方山薛先生乎？”

于是，顾氏兄弟二人来到了薛方山的门下。

薛应旂（1500–1575），号方山，《明史》称其“性过自执，学不徇人，疾恶如仇，去奸如脱，诚所谓任事任怨之臣也”。他曾为南京考工郎中，学识过人，鉴识甚精。因对严嵩不满，一生屡遭打击迫害，仕途坎坷。

薛方山，对顾宪成、顾允成兄弟也极为赏识，让自己的孙子薛敷成、薛敷教与之结拜。四个孩子后来均进士及第，而且一同成为东林学派的中坚。

虽然就师承而论，薛方山以阳明心学为宗，但鉴于心学此时已走入末流，他又格外注重起朱熹理学，于是特意教授朱熹的《伊洛渊源录》，并称颂朱熹之学“洙泗（孔子）以下，姚江（王阳明）以上，萃于是矣”。

自此，顾宪成于学问无所不留意，学业为此大进。万历四年（1576），顾宪成参加乡试，以第一名成绩高中解元。4年后，参加会试，他以殿试二甲第二名成绩进士及第，被授予户部主事之职，开始了他刚直曲折的仕途生涯。

其时，大明名臣张居正为内阁首辅。由他直接策划、设计、指导的一场“振百年因循之弊”的变革，正在如火如荼地全面进行，不仅为国家带来了“太仓粟充盈，可支十年”的繁荣景象，而且使吏治、教育、财政等诸多方面都发生了深层次的变化。明神宗不仅“大柄悉以委居正”，而且对张居正尊礼有加，言必称“元辅张先生”或“张先生”，从不直呼其名。

在满朝诸公对张居正毕恭毕敬、胁肩谄笑中，作为小小户部主事的顾宪成却有别于常人，绝不趋炎附势。

万历十年（1582），不光于神宗一朝，于整个大明朝而言，都是一个十分重要的年份。张居正在这一年死去。当他病重之时，有好事者首倡，“百官为之斋醮”，联名筹金到东岳庙为其祛灾。顾宪成对这种阿谀迎合的官场风气很不以为然。同僚出于好意，偷偷在斋醮者名单上填上了他的名字。他听到后，驰马飞奔到醮坛，将自己的名字从上面抹去。

不阿权贵、自从吾好、不计后果、敢作敢为的精神禀赋，其实已经注定了他仕途生涯的曲折坎坷。

张居正死后，昔日的明神宗彻底改头换面，怀着一种极端阴暗与扭曲的心理，掀起针对张居正的“举朝争索其罪”的强大政治舆论攻势，全面否定“万历新政”，继而诏削张居正官秩，公布其罪状。自此，没人敢再说“张居正”三个字，“终万历世，无敢自居正者”。

也就是从这个时候起，明神宗完成了自己的蜕变堕落，走向了怠荒朝政、任用奸佞、骄奢淫逸、腐朽昏庸的人生后半程。他深居内宫，不见大臣，不及时处理奏折，“每夕必饮，每饮必醉，每醉必怒。左右一言稍违，辄毙杖下。”

各种社会弊端开始死灰复燃，各种社会矛盾开始激化，人滞于官、官曹空虚、吏治腐败、军队涣散的现象愈演愈烈，国家滑向黑暗与混乱的泥淖。

“邦无道，富且贵焉，耻也。”怀揣着孔子的教导，改任吏部主事的顾宪成于万历十一年（1583）请假告归，在里讲学。

就在顾宪成告假归家、于黉宫讲学的万历十四年（1586），其弟顾允成于该年春天参加殿试。在对策中，他极言“内宠将盛，群小将逞”，又为遭诬告的海瑞鸣不平。大为光火的明神宗下旨削去顾允成进士籍，放归回家。

天下士人称他们哥俩儿为“顾氏二难”。

很快，假期已满，顾宪成再次北上，继续他的仕宦生涯。

万历十五年（1587），明朝考核京城朝官，都御史辛自修掌管考核事宜，因得罪当权者被罢官。顾宪成打抱不平，上疏“分别君子小人，刺及执政”，触怒当权者，被明神宗下旨责备，贬官外放为桂阳州判官。后来，又因丁母忧，暂时离开了朝廷这个斗争漩涡。

万历二十一年（1593），顾宪成以“公廉寡欲天下推官第一”的廉政道德楷模荣誉再次回到京城，担任吏部考功司主事，职掌官吏班秩迁升、改调之职。此时，神宗欲并封三位皇子为王，他再次不合时宜地上奏《为建储重典国本攸关事》，“恭陈当今第一要务事”，大胆指责神宗：“今欲并封三王,元子之封何所系乎？无所系，则难乎其为名；有所系，则难乎其为实。”建议神宗早立元子为国储。

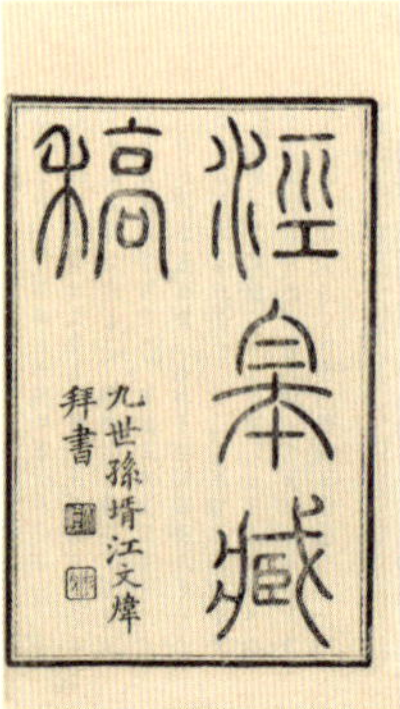

顾宪成著作书影

明神宗迟迟不立太子，原因是皇后无子，长子朱常洛却是他不喜欢的王恭妃所生，而他格外宠爱郑贵妃。爱屋及乌，他想让郑贵妃所生的三子朱常洵来继统。

而在正直的大臣们看来，废长立幼严重违背了“有嫡立嫡，无嫡立长”的宗法制度，是在动摇国本，将会为国家的长治久安埋下深深的隐患。因而，围绕立太子的君臣“立国本”之争，在万历一朝前后持续了15年之久。

此时，内阁首辅为阿顺君主的王锡爵。这位王首辅“惧失上指，立奉诏拟谕旨”。当三王并封的决定公布后，举朝大哗。顾宪成成为反对阵营的先锋，一方面直接上疏神宗，震动朝野，另一方面多次写信与王锡爵“反复辩论”，甚至还跑到王锡爵家里、堵在上朝路上当面论争，“诣锡爵第，力争”，“遮锡爵于朝房，面争之”。此举颇有为道义不管不顾、自赴汤镬的壮烈意味。

无奈之下，明神宗收回并封三王的成命。但是顾宪成的行为大大冒犯了当朝皇帝、内宫宠贵、外朝首辅组成的权力核心集体。

一波未平，一波又起。“立国本”之事刚刚落幕，顾宪成很快又卷入“京察”斗争的漩涡。仍是在这年，明朝再次举行京察，即对在京官员进行考核和调整。当时，吏部尚书孙钥、考功郎中赵南星主持对五品以下京官进行考察。顾宪成积极支持二人借此澄清吏治，力避权臣培植党羽，结果又与王锡爵发生了冲突。赵南星等人被王锡爵诬蔑为“专权植党”，因此遭到罢官。对此，顾宪成一方面上疏申救，另一方面请求一同罢官，没有得到回复。第二年，首辅王锡爵年老引退，明神宗命吏部推选六七位能够胜任首辅之职的官员听候点用。顾宪成与吏部尚书合拟了七人名单上报，请神宗亲裁。不料，所提名的七人都为神宗所厌恶，尤其是顾宪成举荐了先前曾因立储问题而被罢免的王家屏，更是违背了明神宗的旨意。暗火早已在胸中熊熊燃烧的明神宗，这回再也按捺不住心中的愤怒，将顾宪成削籍放归。

万历二十二年（1594），小小的无锡城终于又迎回了自己的游子。

从孔、孟开始，一代又一代的中国知识分子，一直在延续着这样一条生命路径：当奸佞当道，世道浇淋，榛葛遍布，通向“外王”的道路完全堵塞之后，卷而怀之的他们却大都没有关起柴扉，选择独自心灵冶炼的“内圣”之路，而是绛帐教书，聚众授徒，用讲学的方式传播文化，自觉担当起“为往圣继绝学”的使命。

顾宪成也不例外。他罢职归家之初，因患有头眩病，体质很弱，一年多常与病痛为伍。有时病势很重，“频于危屡矣”，“乙未春几殆”。但身染重病的他，面对诸子环泣，仍口占七绝：“平生妄拟古之人，岁月蹉跎忽至今；一息尚存应有事，莫将天寿贰吾心。”表达自己只要一息尚存，就要发奋进取的昂扬生命之气。

果然，从缠绵的病榻上爬起来之后，他抖擞精神，开始开课授徒。

教室就选在他的书房“小心斋”旁边，名曰“同人堂”。最初的学生也只是自家或亲朋的弟子，但渐渐地，学生云集，四方之士负笈登门，家里的居舍、梵宇、僦寓已经容纳不下如此众多的学生。他与兄弟商量后，在自家宅院的溪河近旁，建起书室数十间，供学生居住。

于是，白天溪泾南北，书声琅琅，晚上又是两岸灯火通明。一时间，这里成为无锡最为人瞩目的文化景观。

在居家讲学的同时，顾宪成还经常与浙江、苏州、松江、常熟、太仓等吴中诸同人期会于无锡城西郊惠山“天下第二泉”畔，一道讲论研讨，共同阐明理学，互相辩微析异，热烈非常。有人感触地说：“龙山（惠山别称）胜会，不减鹿洞、鹅湖。”

但，面对络绎不绝的四方前来求学之士，学堂还是太小，校舍仍然过于逼仄。

心怀其忧的顾宪成，和亦师亦友的高攀龙一起，再联合其他一帮同道中人，决定集体办学。

地址选在哪里呢？他们不约而同地将视线投向了无锡城东的一片荒墟之地——东林。

万历三十二年（1604），顾宪成正式向无锡知县、常州知府呈状，请求修复东林书院，得到了官府的首肯。顾宪成、高攀龙与顾允成、钱一本、刘元珍、薛敷教、史孟麟、于孔兼等人积极捐款，而且得到了常州知府欧阳东凤、无锡知县林宰的大力资助。其中，“官府所捐者，专供建龟山祠之用；讲堂则由同志者合并为之，依庸堂、丽泽堂次第构筑，始于夏，竣于秋”。重建工程开始于这年四月十一日，至九月九日告竣，共用了1200多两银子。作为首倡发起人之一的顾宪成捐银最多，为120两。

枯寂了几个世纪的东林书院，以朝气蓬勃之姿盛装登场，让文化视野久已滞涩的明朝人顿时感觉眼前一亮。

《顾端文公年谱》记录下了这个盛大的历史场景：“以月之九、十、十一日，大会诸同人于东林书院，作《东林会约》《东林商语》。上自京口，下至浙江以西，同志毕集，相与讲德论学，雍容一堂，顾允成、高攀龙、安小范、刘伯先诸君子相左右。远近绅士、邑中父老子弟，或来相请，或来聚观，其盛况为自古以来所未有。”叶茂才所写《高攀龙行状》中也指出：“所谓东林者，与诸友栖息其中。每月集吴越士绅会讲三日，远近赴会者数百人。”

一座城市，为一场学术活动而举城轰动，这样的场面自南宋以来的确久违了。

主讲顾宪成则自然以其渊博的学术知识和卓越的思想气度，成为东林学派的学坛宗主和精神领袖。

顾宪成与他的东林书院以领时代潮流之先的嚆矢姿态，在社会上形成了榜样，并引发了巨大的反响。江南书院闻风而起者甚多，毗陵经正堂、金坛志矩堂、荆溪（宜兴）明道书院、虞山（常熟）文学书院，“皆捧珠盘，请先生莅焉”。

顾宪成一脸蔼然，欣然前往，传道授学，娓娓道来。

“先生论学，与世为体。”《明儒学案》这样说。

“与世为体”，显然他的讲学已不同于程、朱，也不同于王阳明，不是就学问与道德阐发见解，而是结合经世之用，有着强烈的用世思想与现实实践意义。

从顾宪成亲自制订的《东林会约》，也可见到重建后的东林书院已经具有明显的政治结社的意味。《东林会约》规定，以会籍登记书院讲会同人，目的是“一以稽赴会中疏密，验现在之勤惰，一以稽赴会之人，他日何所究竟，作将来之法戒也”，而且会中称“同志友”、“吾党”、“同志”。严明的会籍登记制度，政治味道浓郁的相互称谓，都在表明东林书院欲以一己之力激扬士风、荡涤乾坤的强烈用世思想。

于是，以顾宪成、高攀龙为首的东林学者们，怀着积极进取之心，以澄清天下为己任，针砭时弊，大胆发言，“其讲习之余，往往讽议朝政，裁量人物”。一时，东林书院名声远播，四方来集。

首辅沈一贯曾记述这样的情形：“往时私议朝廷的不过街头巷尾，口喃耳语而已。今朝通衢闹市唱词说书之辈，公然编成套数，抵掌剧哗，略无顾忌。”

结果，“东林名大著，而忌者亦多”。更要命的是，“天下君子以清议归于东林，庙堂亦有畏忌”。让庙堂畏忌，这就犯了大大的忌讳。朝廷开始将“东南坛坫”和“西北干戈”等类齐观，认为都是应该加以限制和清除的危险势力。

万历三十六年（1608），在东林同道的一再呼吁下，顾宪成再次回到“庙堂”之上，被正式任命为南京光禄寺少卿。不料，由水路放舟至丹阳附近，顾宪成因头痛病复发，无法坚持，只得作罢，弃官折回，继续从事讲学议政。

当东林书院在南方巍然面世之时，在北方的朝堂之上，宣昆、齐、楚、浙等不同党派收召朋徒，干预时政，且“声势相倚，并以攻东林、排异己为事”。

很快，不谙官场规则的顾宪成，卷入到李三才的入阁纠纷之中。

李三才，字道甫，又称修吾，顺天通州（今北京市通州区）人，曾任户部主事、尚书、河南副使、山东学政，以都察院佥都御史总督漕运，巡抚淮安、凤阳、扬州诸府。《明史·李三才列传》称他“才大而好用机权，善笼络朝士，抚淮十三年，结交遍天下”，但“性不能持廉，以故为众所毁”。万历三十七年（1609），内阁增补阁员，朝野东林学者举荐了李三才，但“小人畏之特甚，遂出奇计攻之”，这个“奇计”就是通过罗织罪名弹劾李三才，“东林必救，可布一网打尽之局”。果然，顾宪成写信给同为东林同志的大学士叶向高，“力称三才廉直”，又写信给吏部尚书孙丕扬为李三才辩解。

顾宪成以削籍身份，向朝廷推荐阁臣，显属“出格”行为，致使朝中他党官员大哗。他们遂以此为口实，开展对顾宪成的全面攻击。这场入阁纷争，由起初仅在朝内集中力量攻击李三才,至此时转而连及到里居讲学的顾宪成。

这场争论结果，李三才没能入阁，同时朝内朋党势力与政治派别之间的排挤攻击与倾轧局面变得更加复杂了。

万历三十九年（1611），又是朝廷规定的京察之年。主持此事的东林官员希望积极设法解除以往纷争，秉公办事，澄清吏治，使政治朝局焕然更新。但不料他党官员联合起来，不遗余力地对东林学者诋毁污蔑。御史徐兆魁率先跳出，上疏明神宗，阴险无比地指出:“观今日天下大势，尽趋东林。今年计典之误，根子实出于此。”危言耸听地说国家吏治、人品、学术都因顾宪成的东林讲学而弄得败坏不可收拾，污蔑东林借讲学之名行结党营私之实，将功名利禄与学术气势统统混为一谈，弄得吏治人心大败，进而恣意诬陷“浒墅有小河，东林专其税为书院费；关使至，东林辄以书招之，即不赴，亦必致厚馈；讲学所至，仆从如云，县令馆谷供亿，非二百金不办；会时必谈时政，郡邑行事偶相左，必令改图”。这些指控，据《明史》记载“绝无左验”，也就是说都无真凭实据。正是在这次上疏中，徐兆魁恶意地为东林学者扣上了“东林党”的帽子。

他的用心很明显，以朋党之罪罗织东林，必欲除之而后快。明神宗果然听信了谗言。自此之后，针对东林和顾宪成的大批判拉开序幕，“攻击者不绝，比宪成殁，攻者犹未止”。

东林书院四面楚歌，每月的讲事逐渐凋零，前来参加讲会的人员锐减，只有“二三真正如苍然隆冬之松柏”的君子。

第二年，也就是万历四十年（1612），被指控为“讲学东林，遥执朝政”的顾宪成走完了他62岁的人生历程。他留下了《小心斋札记》《还经录》《证性篇》《东林会约》《东林商语》《南岳商语》《仁文商语》《虞山商语》《经正堂商语》《明道商语》《质疑篇》《桑梓录》《朱子二大辨序》等著述。后来，这些著述被整理收入《顾端文公遗书》。

也许顾宪成是幸运的，他在世时遭到了口诛笔伐的攻击，身体肤发却未受损害。在他去世后10多年，党争即在魏忠贤的一手导演下由政治攻讦上升为无情镇压，他的那些东林同志或者自杀，或者遭流放，或者冤死狱中。

但是顾宪成无疑又是不幸的，他的政治抱负至死都没有完成。他所生活的那个时代，显赫的大明王朝正在内忧外患中一步步走向生命的晚期，这座看似恢宏的帝国大厦早已百孔千疮，皇帝不问朝政，阉党专权跋扈，满朝文武蜷缩着身子，只求在沉默之中保全自我。万马齐喑，政治晦暗，岂能容他讽议朝政、裁量人物！从一开始，顾宪成的理想就注定了失败的结局。

顾宪成墓在今天的无锡市锡山区查桥关泾村。墓前有一对方形望柱，其后为一座四柱三间的青石牌坊。因顾宪成为官品行端正，后得谥号“端文”，所以墓碑正面镌刻“明端文顾公宪成之墓”。无锡惠山听松坊还有顾端文公祠，此祠创建于明万历四十一年（1613），并以顾允成配享。祠内原悬有顾宪成的名联：“风声雨声读书声，声声入耳；家事国事天下事，事事关心。”

目前，在无锡市锡山区张泾元吉弄内另建有顾宪成纪念馆，这里是顾宪成兄弟诞生地。纪念馆内的端居堂面阔五间，梁架间饰有飞仙雕刻。堂后原为花园，四面环绕回廊，园内亭台水榭、假山花木，十分幽致。清嘉庆年间，顾氏后裔顾皋中状元，在花园后又增建状元厅。

“景逸先生”高攀龙

作为东林精神领袖的顾宪成，在离开人世之时留给东林诸君子这样一句话：“赤金在烈焰中借火之力，得真色

顾宪成墓

顾宪成纪念馆

顾端文公祠（惠山听松坊）

见于世。”

在随后的10多年间，高攀龙正是秉承这句话，致力于实践和完成乃师顾宪成的未竟事业。

回溯历史，万历十四年（1586），告假在里的顾宪成应无锡县令李元冲之请在黉宫讲学。一时间，无锡举城轰动，听者云集。

人头攒动的听众人群里，就有时年25岁的小同乡高攀龙。

高攀龙，字云从，后改为存之，别号景逸，生于明嘉靖四十一年（1562），比顾宪成小了整整12岁。

高攀龙幼而喜读，21岁中举。《明史》虽然称他“少读书，辄有志程朱之学”，但真正决定了他一生为学方向的，却是顾宪成的这次讲座。高攀龙后来自叙其为学经历时这样说：“吾年二十有五，闻令公李元冲与顾泾阳先生讲学，始志于学。”

一次无意的邂逅，一场随意的讲座，奠定了高攀龙的人生志向。从此，他终身师事顾宪成，最后与老师并肩站立，于罡风烈烈之中成为一代风骨凛然的东林领袖。

万历十七年（1589），高攀龙进士及第，后被授为行人司行人，执掌传圣旨、行册封等礼仪性的事务。初走上政坛的他，与顾宪成一样，无所顾忌，磊落做人。四川佥事张世则上疏，说程朱之学不能诚意，坏宋一代之风俗，并呈上他所著的《大学古本初义》，欲施行天下。高攀龙闻而拍案，抗疏力驳其谬，其书遂不行于世。

这一时期，明神宗已长期不理政务，朝中党派纷争、宦官横行，致使政务混乱。高攀龙随即上《今日第一要务疏》，称欲改变皇朝岌岌可危的形势，首先必须正本，即端正“人君之心”，其次要“除刑戮”、“举朝讲”、“用谏臣”、“发内帑”，革新政治。但这道奏疏被皇帝留中不发。

万历二十一年（1593），“并封三王”之事起，一些正直大臣上言诤谏，却纷纷被流放到边疆充军。尽管人微言轻，但高攀龙为此愤然上疏，指责“近见朝宁之上，善类摈斥一空”，大胆切陈“辅臣欲除不附己”，“近侍不利用正人”，而且指责辅臣王锡爵“得毋内泄其私愤，而利于斥逐之尽乎？”结果，这道奏疏激怒了王锡爵，也得罪了神宗，高攀龙被贬为广东揭阳典史。

万历二十三年（1595）二月，高攀龙在赴任7个月后以事假归家，不久遭遇亲人病故，于是不再出仕，在家乡讲学。

高攀龙隐居于漆湖之畔（今蠡湖东岸）。他的住所被称为“水居”，也叫“读书处”。读书处的几间房屋筑于水中，堤围在水外，湖又在堤外，架小桥通之。屋前筑一台，圆形，名月坡。水居内有小楼，四面开窗，可以望山，

高攀龙塑像（可园）

可以观水，可以迎清风纳凉，可以邀明月作伴。高攀龙登楼后满意地说：“可矣！”小楼故名“可楼”。高攀龙在这里半日读书，半日静坐，砺炼自己的学识和心智。他曾写有一诗云：

有客风尘归去来，兀然孤坐水中台。
九龙山似翠屏立，五里湖如明镜开。
春雨蕨肥菰米饭，秋风鲈美菊花杯。
蒹葭白露伊人在，姿向江天亦快哉。

当顾宪成罢官从北京回到家乡之时，赋闲在家的高攀龙正在无锡城中的“乐志堂”，“偕四郡同志会讲”。当顾宪成决意兴复东林书院，作为学生与同志的高攀龙，成为最为坚定的响应者和追随者。

东林书院复建之后，抱道忤时的士大夫、退居林野的官僚，与部分在朝的士大夫遥相应合，形成了一股政治势力。

后来，自万历三十六年（1608）顾宪成二度任官时起，高攀龙就主持起东林书院的全面工作。当东林书院备受攻击时，顾宪成写信勉励：“吾辈持濂洛关闽之清议，不持顾厨俊及之清议也，大会只照旧为妥。世事无常，吾道有常，岂得以波妇之口遽易吾常，作小家相哉？”

当时高攀龙不仅没有“作小家相”，在顾宪成死后的10余年间，日被构陷、锋镝纷起的东林书院，也在高攀

高子水居现貌（又名水居苑）

高子水居一角

龙的一手打理下，矢志不渝，艰难前行。

高攀龙，继顾宪成之后成为东林领袖，与老师并称“高顾”。

东林昔日“缙绅辐辏，盛而繁”的美好时光，成了无可挽回的记忆，但道义在肩、理想沛胸的他，不但无视这些，而且勇敢面对。他勉励东林同志：“此吾辈一大炉缸，不如是，真者不成其真，赝者不成其赝，东林不成其东林。”

漫漫的不懈坚持，终于等来了重重阴霾散去的那一天，见到了久违的放晴之日。天启元年（1621），明熹宗即位，大量起用东林君子。首辅叶向高，吏部尚书赵南星、礼部尚书孙慎行、兵部尚书熊廷弼、左副都御史杨涟、佥都御史左光斗，都是东林士人或东林的支持者。此时的东林君子们，由在野的清流，一变而为主持朝政的主要力量。

高攀龙也重新得到起用，被召入朝任光禄寺丞，次年又升光禄少卿。继高攀龙之后，吴桂森主持东林书院。“是时，群贤蔚起，朝野蒸蒸，先生（吴桂森）代景逸先生司其坛坫，而景逸在都中以政暇讲学于首善书院，三千里外遥相应和”，冯从吾、邹元标等大儒“群然向往，脉脉神交”。东林书院再次绽放出办院初期的盛况。

这时，关外重镇广宁失陷，明军被迫退缩到山海关一线。消息传来，朝野震惊，人心惶惶。高攀龙上疏推荐礼部右侍郎孙承宗负责处理战事。他的意见得到皇帝首肯。

孙承宗也不负众望，收复了广宁和辽河以西的土地，边境平静了 4 年之久。

天启二年（1622）四月，高攀龙上疏追论“三案”，要求惩治相关人等。奏疏上达，皇帝不悦而责备高攀龙多言。所谓“三案”，指明朝末期宫廷中发生的梃击案、红丸案、移宫案的总称。这三起事件本身并不是很重要，但是却标志着明末纷乱和衰亡的开始。梃击案，事发万历四十三年（1615）五月的一天，一个疯汉竟然闯入太子宫，持棍乱打太子朱常洛，惊动朝廷。万历四十八年（1620）七月，朱常洛即位，因服用鸿胪寺丞进献的红丸后不久暴

高攀龙投水处（高子止水）

毙，在位仅 29 天，此为红丸案。朱常洛登基后，宠妃李选侍照顾皇长子朱由校迁入乾清宫。朱常洛死于红丸后，李氏与太监魏忠贤密谋，欲居乾清宫，企图挟皇长子自重；杨涟、左光斗等为防其干预朝事，逼迫李选侍移到仁寿宫哕鸾宫，此为移宫案。

当时东林官员孙慎行以红丸案指责前任首辅方从哲，高攀龙也引《春秋》典故归罪方从哲。不久高攀龙被调任太常少卿，又上一道《恭陈圣明务学之要疏》，方从哲一派故意摘出疏中指责帝王不孝的言辞激怒新登基的明熹宗朱由校。明熹宗欲严惩高攀龙，后以罚俸一年而作罢。

天启三年（1623），魏忠贤受命提督东厂，独揽大权，而且日益获得喜欢躲在后宫引绳削墨、营筑小室的明熹宗的信任。向来以清流自标的东林士人，当然视阉党如仇寇，而擅作威福、剪除异己、荼毒内外的阉党，也与东林不共戴天。

斗争很快进入白热化，高攀龙站在了这场政治斗争的风口浪尖上。

面对阉党集团，东林成为清议、正义之士的化身，“恶者以东林名党而加讨灭，善者则以同志而聚以东林名下”，而且经过“李三才入阁”、“京察”、“梃击”、“红丸”、“移宫”等几个重大的政治事件之后，双方之间的斗争终于演至高潮。

天启四年（1624），东林士人决心与阉党公开较量。左副都御史杨涟首先发难，他列数阉党魏忠贤二十四条大罪，讨伐魏忠贤并要求铲除阉党。但魏忠贤并没有被击倒，阴险毒辣的他随即利用手中权力，开始对东林士人实施反击。同一年，高攀龙因为弹劾魏忠贤“十孩儿”之一的御史崔呈秀，反被诬陷，因而被罢黜。邹元标、冯从吾、赵南星等东林官员，也相继被罢官。朝野很快形成了“参究东林官员之疏时上，处分之章日下”的恐怖局面。

高攀龙等人被罢官后，阉党并没有放慢清洗与镇压的步伐。天启五年（1625）八月，阉党上奏，诬指东林书院“乃科聚东南财赋，竭民膏血，为之修建者，良田美宅，不下数十万金”，要求对全国各地讲学严加禁止。朝廷下旨拆毁东林书院。因高攀龙的维护，仅拆除了依庸堂。但讲会却遭到禁止，书院成了荒芜的废院。

东林八君子之一无锡叶茂才，见依庸堂被拆毁，不胜感愤，曾赋诗述怀，曰：“世法递兴还递灭，乾坤不毁只吾心。”高攀龙也悲愤地写下：“蕞尔东林万古心，道南祠畔白云深。纵令伐尽林间木，一片平墟也号林。”

但，更大的风雨还在后面。

全面控制朝政的阉党继而开始大兴冤狱，大肆掠杀东林士人。天启五年（1625）五月，杨涟、左光斗、魏大中、袁化中、周朝瑞、顾大章等六人被逮入狱，数千群众号哭送行。不久，六人都被折磨惨死狱中。以上罹难六人史称“东林前六君子”。

很快，阉党又编定了《东林党人榜》，“凡救三才者，争辛亥京察者，卫国本者，发韩敬科场弊者，请行勘熊廷弼者，抗论张差梃击者，最后争移宫、红丸者，忤魏忠贤者，率指目为东林。”“东林讲学者不过数人耳，其为讲院亦不过一郡之内耳。……乃言国本者谓之东林，争科场者谓之东林，攻逆阉者谓之东林，以至言夺情奸相讨贼，凡一议之正，一人之不随流俗者，无不谓之东林，若是乎东林标榜，遍于城中，延于数世，东林何不幸而有是也？东林何幸而有是也？”东林，至此已经成为一个泛政治化的概念，遭受“抨击无虚日”，而魏忠贤又将打击的目标

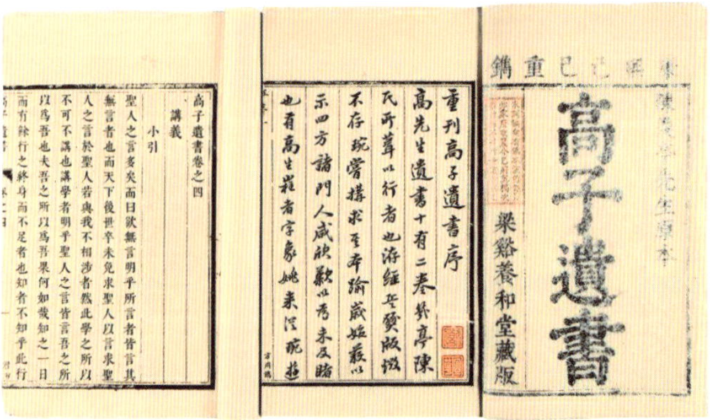

《高子遗书》书影

瞄准天下所有书院，一网尽去之，“杀戮禁锢，善类为一空”。

这种尖锐的斗争，终于演成了大的流血事件。东林士人生者削籍，死者追夺，已经剥夺者禁锢，共达 309 人。

此时被罢职归家的高攀龙，自然难以逃脱这场劫难。

天启六年（1626）二月，阉党编造贪污罪名，派遣缇骑抓捕高攀龙、周顺昌、周起元、缪昌期、李应升、周宗建、黄尊素六人。这六人史称“东林后六君子”。

三月十六日，高攀龙整装肃容，最后一次拜谒道南祠。回家后与家人及学生赏花于后花园池畔，谈笑自如。此时有人前来禀告周顺昌已被逮捕，高攀龙闻言神情泰然，叮嘱晚辈“无贻祖羞”，还神情泰然地说：“吾视死如归耳。”当晚，他提笔写就《遗表》《别友柬》二纸，然后自沉于花园池中，时年六十四。至死他保持了一个读书人的清白，绝不让阉党肮脏的手脚玷污了自己。

一个孜孜以求、追求真理的学人组织，在肮污横行的晚明政局之中，为挽狂澜于既倒，不顾身家性命，挺身而出，直陈时弊，以羸弱之肩抗鼎；继而面对强势镇压与惨烈屠杀，慨然自立，虽扬骨沥血也自岿然不动。其气度与胸襟，让千载之后的人们仍不禁为之扼腕。

老大帝国，书院千座，谁比我东林用信仰做砖石磊落出如此的气象和魂魄；峨冠博带，往来穿梭，谁比我东林用热血做浓墨挥洒出如许的浩然与巍峨。

同年五月，历经22年讲学风雨沧桑的东林书院，在一片鸡飞狗跳中被夷为平地。

一座书院垮塌了，一代学术大师殒命了，但一个精神家园却从此傲然屹立，至今崔巍。

崇祯初年（1628），朝廷为高攀龙平反，赠太子太保、兵部尚书，谥“忠宪”。明崇祯年间在惠山下河塘建高忠宪公祠，清康熙三十八年（1699）遭火焚，乾隆元年（1736）在惠山原址复建，咸丰兵乱祠毁，同治十三年（1874）知县廖纶倡捐重建，20世纪80年代修缮。高攀龙投水自沉处，在清初由其侄高世泰葺屋三楹，名曰“止水祠”。1949年前，池、祠均废。1953年，池、祠得以恢复，由郭沫若题写了“高子止水”四字，并刻石置于水池旁。1960年5月，邓拓写下《访高子止水》一诗：“为抗权奸志不移，东林一代好男儿。攀龙风节扬千古，字字痛心绝命辞。”“文革”期间，高子止水又遭受破坏。1978年经在原址上重新清理整修，使原池恢复旧貌。

高攀龙墓，原在无锡西郊璨山之东，1985年移地重建于西郊青山今青山公园内。墓前有石碑，上镌“明高攀龙之墓”。

高忠宪公祠（惠山下河塘）

四、书院揽胜

东林书院，位于无锡市人民路苏家弄内，解放东路867号，坐北朝南。现占地面积15000平方米，建筑面积3100平方米。综观全院，石坊高耸，粉墙黛瓦，花木扶疏，碧水滢滢，实乃“藏修息游，砥砺文行”的读书讲学理想场所。

书院整体建筑布局采用中国传统的中轴线对称、纵深多进的院落形式，同时兼顾书院的讲学、祭祀、藏书三大功能，分区明确、排列有序。书院中轴线以书院正门、石牌坊、泮池、东林精舍、丽泽堂、依庸堂、燕居庙、三公祠等讲学建筑为主。东轴线则以道南祠、报功祠等祭祀建

东林书院平面图

筑及曲廊方亭为主，园内修竹摇曳，水边芦苇丛生，以恢复历史上的弓河作为与外界的分隔，形成开放式园林格局。西轴线以晚翠山房、来复斋、寻乐处、心鉴斋、不辨斋等斋室为主。园内小池游鱼、亭台水榭，典雅、幽静。

中轴线

书院大门

始建于明万历年间。计三楹，榜曰“东林书院”。原在院前七箭河附近，后河塞门废。1994 年重建于此。原悬门联曰："此日今还再，当年道果南。"此联引用书院创始人宋代杨时典故。他曾撰有《此日不再得示同学》长诗，诗曰："此日不再得，颓波注扶桑。跹跹黄小群，毛发忽已苍。愿言媚学子，共惜此日光。术业贵及时，勉之在青阳。"勉励学人珍惜时间，刻意攻读，否则时去不返，难以再得。明代书院修复，重开讲事，故曰"此日今还在"。另外，杨时南归时，得到"吾道南矣"的赞誉，后杨时居东林长期讲学，故曰"当年道果南"。这副门联早已毁失，现联由无锡籍物理学家钱伟长重新书写。文人联句，由理科巨才题写，别有一番深意。

石牌坊

始建于明万历三十二年（1604），又称马头牌坊，是书院的标志与象征。它位于书院中轴线的导入部位，起到了烘托整个建筑的作用，使书院其他建筑显得庄重而古朴。天启六年（1626），阉党毁书院，石坊同时被毁。明代原石坊上题"观海来游"、"洛闽中枢"等字样。清康熙年间改建木坊。乾隆五年（1740）恢复石坊，坊额上改题"东林旧迹"、"后学津梁"字样。此坊为三间四柱五楼石坊，至今有200多年历史，通高7.24米。石坊上雕饰有二龙戏珠、丹凤朝阳、狮子滚绣球、鲤鱼跳龙门等精美图案。通体设计合理，结构严谨，是件完美的石构建筑珍品。

“东林旧迹”坊额

“后学津梁”坊额

旗杆石

此两块方形旗杆石系前代原址遗物。位于石坊后甬道两侧，中凿圆孔，为书院讲学期间悬挂院旗之用。据文献记载，旗杆木制，固定于基石上。旗杆上悬长方形旗帜，左右各一面，各有“声彻琼林”、“香飘桂殿”四字。琼林，指宋代朝廷在京城汴京琼林苑宴贺新及第进士处。科举时代又称及第为折桂。

泮池

始凿于明万历三十二年（1604）。明代称为月河。宽约6米、长约60米，东西横贯道南祠与东林精舍门前，呈半圆形，黄石驳岸，上架桥。明代泮池现仍深埋地下。1994年，在发掘明代泮池的基础上，改砌方池与拱形小桥，现今泮池仅为原月河的六分之一，深与原河保持一致。

有关泮池的由来，据说孔子家居泮水之滨，少年时常在泮水畔读书。后人为仿效儒学先师孔子勤奋好学的精神，在学宫或书院修泮池，以警示学生好学上进。

泮池

东林精舍

此处原为东林书院内大门，又称为“仪门”。万历三十二年（1604）建。明崇祯二年（1629），吴桂森重建此门，并题颜曰“东林精舍”。精舍即指学舍。

现存“东林精舍”、“洛闽中枢”砖雕门额，均系清乾隆初年遗物，是书院纪念建筑的历史见证。

“洛”指“洛学”，即北宋二程之学，因二程兄弟为河南洛阳人；“闽”指朱熹之学，因朱氏出生于福建。“中枢”，指重要部分或中心部分，此处喻指东林书院创办人杨时。

在东林精舍的外面游廊下，还挂着一些木刻版画，大致有“书院创建”“明代复兴”“东林气节”等几个主题。

东林精舍

其中令人触目惊心的有两方版刻：一个是“东林党人榜”，上面刻有顾宪成，顾允成、高攀龙、杨涟、左光斗、熊廷弼、孙承宗等 309 人的名字，下面是一行小字：“以上诸公，生者削籍，死者追夺，已经削夺者禁锢。”还有一个是“东林朋党录”，上面是赵南星、钱谦益等 94 个人的名字，几乎每一个名字后面都有“已处”或者“降级”、“回籍”等字样。虽然过了 400 多年，今天读来仍不免让人心惊。

丽泽堂

穿过东林精舍，便是丽泽堂。丽泽堂始建于明万历三十二年（1604），天启六年（1626）被拆毁，崇祯二年（1629）修复。“丽泽”之义，取自《周易》，就是借喻朋友之间相互切磋讲学。丽泽堂之名，系顾宪成亲自拟取，旨在希望以文会友、以友辅仁。丽泽堂的内部布置陈设，和东林精舍大致相似，左边墙上的一副对联很值得一记：“为道为法为则守先待后，不淫不移不屈知命达天。”这既是治学之法，也是处世之道。

丽泽堂是东林书院会众讲学的重要场所。当时，江南学人及全国各地同志联翩来集，会聚此堂讨论，师众盈庭，盛况空前。

丽泽堂

依庸堂

丽泽堂的后面是依庸堂。依庸堂是书院的主体建筑，始建于明万历三十二年（1604），天启五年（1625）被拆毁，崇祯二年（1629）修复，后于清康熙三十三年（1694）再次修葺。“依庸”，即依乎《中庸》之意，“庸义有二：庸者，恒也，有久而不衰之意；又平也，有适中之意”，即强调并发挥儒学经典中《中庸》的思想宗旨。

当年，各地赴会学者，在大会开讲之前，都齐集此堂，客东主西，以年龄为序，分班排列，相互对揖交拜，举行讲学仪礼，场面热烈隆重。

现今依庸堂内正中悬挂顾宪成的名联：“风声雨声读书声，声声入耳；家事国事天下事，事事关心。”左边的墙上有一首诗，是程颢的《秋日偶成》：“闲来无事不从容，睡觉东窗日已红；万物静观皆自得，四时佳兴与人同。道通天地有形外，思入风云变态中；富贵不淫贫贱乐，男儿至此是豪雄。”还有一首，是杨时在江西庐山写的《东林道上闲步》：“寂寞莲塘七百秋，溪云庭月两悠悠。我来欲问林间道，万叠松声自唱酬。”

明代时期，东林书院不但成为全国政治目光的焦点，同时也成为东林士人心目中的圣地，士子们一时竟以“躬登丽泽之堂，入依庸之室”为荣。现此堂内仍保存有明代《依庸堂记》碑刻原石。

依庸堂

燕居庙

依庸堂的后面是燕居庙，明万历三十八年（1610）始建，为祀至圣先师孔子专祠。燕居取自《论语·述而》“子之燕居，申申如也”，即“宴居”，闲居之意。书院为社会私家讲学之所，有别于府县学宫孔子的“大成殿”，故取“燕居”名词。

大殿东西两侧分别设典籍室、祭器室，是专门贮藏书院经籍图书及祭器乐器之所。

燕居庙

“燕居”两字

燕居庙内景

三公祠

在燕居庙之后，始建于清顺治十二年（1655），为高世泰捐资营构。其功用为专祀明代常州知府欧阳东凤、继任知府曾樱以及无锡知县林宰三人。作为地方官吏，他们在明万历至天启年间支持修复书院和道南祠，后来当东林学者后裔受阉党迫害时又据理力争，主持公道。他们因此也遭阉党诋毁，皆被列入《东林党人榜》而受到打击迫害。清咸丰间，祠毁。同治十年（1871）重建。

三公祠

东轴线

道南祠

道南祠，是书院东轴线最主要的建筑，始建于明万历三十二年（1604），为祀书院创始人杨时及其弟子门人专祠。因杨时南归故里时，其师程颢目送之曰“吾道南矣”，故以“道南”名祠。该祠当年用官资建造，系无锡地方乡贤祠之一。明天启年间阉党毁书院，道南祠获存。道南祠计有大门、前堂、享堂等，内祀宋代杨时及明清东林学者等约 80 余人。

顾宪成、高攀龙复兴东林书院之后，每开讲事，依古礼斋戒后，都要“先谒圣，次谒三公祠，次谒道南祠”。

道南祠外，两棵不知名的古树枝干盘旋斜出，不知历经几多岁月。祠堂后面一棵柏树高约数丈，已经历了 200 余年的风雨。虽然干瘦枝疏，但仍苍郁深沉。

东林报功祠

清道光年间建。为专祀宋至清代历朝对东林书院修复、保护、捐助等地方各界有功之官佐、宿儒、士绅、贤达等。该祠建成，当年延请李鸿章题书祠名，由邹鸣鹤撰记，由邹安鬯（畅）书碑。原碑现仍存祠内。

再得草庐

再得草庐，居于依庸堂之右，清顺治十一年（1655）由高世泰建，为其读书讲学重要场所。草庐因杨时诗作《此

东林报功祠

再得草庐

日不再得示同学》而命名。以杨时的诗句给书院内建筑物取名，这也是一种纪念杨时的方式。高世泰为高攀龙之侄，辞官归里后主东林书院30余年，是明清鼎革之际东林建筑修复与讲事振兴的承先启后的重要人物。另外，清雍正刊本《东林书院志》一书亦于雍正十年（1732）三月编定完稿于再得草庐内。

还经亭和正心亭

出再得草庐，就是一片空阔的草地，草地临水，河如弯弓，叫作“弓河”。河边一个小亭，名叫“还经亭”。

顺着河走，又是一座亭台，叫作“正心亭”，不仅名字非同寻常，“乾坤浩荡今还古，日月光华西复东”，门柱两边的这副对联境界也不低。里面的牌子更加有气魄。“一榜九进士”“六科三解元”“状元”“榜眼”“探花”“传胪”“会元”“解元”等等，都有名有姓、有时有日，显示无锡深厚的人文底蕴。

还经亭

正心亭

正心亭内的匾额

时雨斋

位于依庸堂东侧。清乾隆二年（1737）由金匮知县王允谦构建。清雍正四年（1726），无锡县东境析置金匮县。王允谦莅任后捐俸构建此斋，作为士子课艺休息之地。此斋为清代正式课习举业之所，标示书院讲学开始向官学转化。该斋所建，时值夏五月，天久不雨，甫落成而雨适至，故题额曰“时雨斋”。王允谦撰有《时雨斋记》。

时雨斋

西轴线

晚翠山房

建于清代，民国三十六年（1947）重修，现建筑为1994年在原址重建，为书院讲学书斋之一。晚翠，一般指树木经冬仍保持鲜艳绿色，或日沉西斜之际苍翠景色，此处两者含义兼而有之。因为，此建筑位于书院主体建筑中轴线西侧长廊外，故与后一层含义较为贴近。山房，本指山中房屋，此处指幽静读书之所。内悬前代所题“晚翠山房”匾，另悬柱联曰：“茶熟酒香客到，月明风细花开。”

晚翠山房

来复斋

始建于明崇祯二年（1629），1994年重新修复，为吴桂森书斋。天启六年（1626），东林书院除道南祠外其他建筑全被拆毁。崇祯帝即位后，下旨修复东林书院，因当时人们尚心有余悸，皆环顾不敢响应。吴桂森得旨大悦，个人单独捐资修丽泽堂及书院内大门，名曰“东林精舍”。并于丽泽堂西侧建来复斋三楹，作为个人燕息居所。“来复”一名取自《周易》“反复其道，七日来复”，原意指“欲速反之与复而得其道，不可过远，唯七日则来复，乃合于道也”，此处寓意东林讲学将很快恢复。

来复斋

寻乐处

位于依庸堂西侧。清乾隆二年（1737）构建，为来学者偃息之所。清代又称得乐处、贤乐处或寻乐斋等。金匮知县王允谦撰有《寻乐斋记》，其斋名“盖取明道（程颢）先生所得于周子（敦颐）之语也”，意为反复探寻，领悟先贤奥旨，则乐在其中。

寻乐处

心鉴斋

始建明代，书院重要书斋之一，为高攀龙门人丹阳周彦文（号季纯）的起居书斋。他于明万历四十七年（1619）春长住东林，长期就学高攀龙，并将高攀龙日常讲授微言奥旨，记录成帙。其所撰《东林景逸高夫子论学语序》一文，即于明天启四年（1624）“书于东林书院心鉴斋中”。其所辑录高氏论学语被收入《高子遗书》中。

心鉴斋

东西长廊

始建于明代。此为我国古代常见的“廊院制”组合形式。即书院讲学主体建筑轴线两侧以长廊连接，使各堂室斋舍内外相通，晨启昏闭，晴雨通行，极为称便。同时，各院落的空间组合自然又富有变化，对陶冶学人情操起到良好作用。此廊于天启五年（1625）被拆毁，清康熙年间修复。民国三十六年（1947）又加重修，一直沿存至今。现廊内壁间置有书院明、清以来历代重修碑刻20余方，其中另有明代文徵明《停云馆法帖》原石3方及东林学者邹之麟墨迹之碑。

长廊

小辨斋

始建于明万历三十三年（1605），为顾允成在城中读书讲学处。明代戏剧家汤显祖亲自撰写斋记，云：用小辨“以名其居，称名以小而取数大”。顾允成著述《小辨斋偶存》一书，亦由此斋得名。顾允成系东林八君子之一，性格好静，平常角巾布鞋，衣食简朴无华。望之如木鸡，其言讷讷，惟对世道人心、王霸、义利、忠佞、儒释等大是非，斤斤计较，针芒辨析，从不含混。顾允成于明万历三十五年（1607）病逝于此斋内，享年53岁。

小辨斋内景

书院内景

书院内景

书院内景

书院内景

五、千古名联

风声，雨声，读书声，声声入耳；

家事，国事，天下事，事事关心。

这副悬挂在东林书院依庸堂的对联，联句工整，蕴含深厚，境界高迈，旨约意远，流芳几百年，成为一代又一代学子的座右铭和生命格言。

这副对联的作者，正是明代东林书院的领袖顾宪成。追溯名联的由来，有着一段颇富诗意的传说。据传，少年顾宪成在家乡泾里读书时非常勤奋,常常秉烛夜读至深宵。他资质聪慧，善于吟诗属对。一个风雨之夜，顾宪成和弟弟允成像往常一般，在沿河屋子里夜读。刚好外任知州的

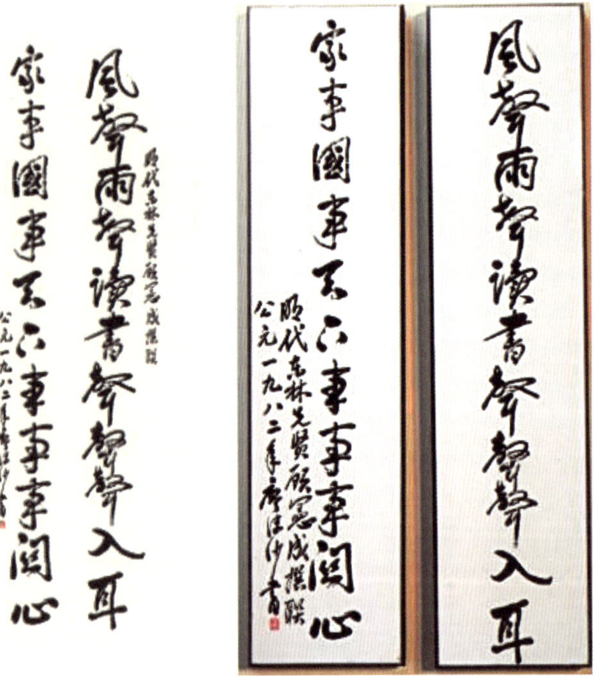

廖沫抄手书“三声” “三事”联

同乡陈云浦从任所归省，坐船夜过泾里，听到从沿河纸窗里飘出充满稚气而又抑扬顿挫的琅琅书声，非常诧异，即命人招来面试，两个孩子对答如流。这时风声更大了，陈云浦又即景出了一副上联“风声，雨声，读书声，声声入耳”。10多岁的顾宪成稍加思索，随即对出了“家事，国事，天下事，事事关心”的下联。陈云浦听了大为赞赏。

这副对联，音调回环铿锵，节奏急促和谐，读来朗朗上口，意思简洁明了。上联生动描写了自然界的风雨声和人们的读书声交织在一起的情景，令人仿佛置身于当年的书院中，耳朵里好像真的听见了一片朗诵和讲学的声音，与天籁齐鸣。不过，光读好书对一个读书人来说是不够的，小到家事，大到国家大事，都要关心。下联旨在鼓舞激励读书人关心时局，学以济世，视天下为己任。

明代学脉思想，到正德、嘉靖年间已极为混乱，到万历年间达到极点，读书人的是非观、荣辱观颠倒。东林书院的重建，东林名联的出世，对于这种颓坏的世风，无疑起到了振聋发聩的警示作用。书联言志，对常常舞文弄墨的中国知识分子来说并不为怪。对联并没有透露出多少具体的诸如“鲲鹏”、“鸿鹄”之类的愿望和抱负，而只是一种对“风雨”、“家国”的“入耳”和“关心”，但却道出了中国知识分子的开阔心境、崇高境界和浩然气魄，大有“居庙堂之高，则忧其君；处江湖之远，则忧其民”的大家之风范。

无论是“居庙堂之高”，还是“处江湖之远”，顾宪成、高攀龙们一生坚持大义，践行着这副对联；在他们身后，更多的东林士人面对民族危亡的困境，用自己柔弱而又挺直的身躯践行着这副对联。请看——

南京兵部尚书、内阁大学士史可法站在扬州城头，看着城下黑压压的满洲铁骑，只喃喃地重复着一句话：“愧于吾师。”他的恩师，就是东林人士左光斗。20 年前，左光斗被逮入狱，年轻的史可法从外地潜入京师，微服入狱探望。左光斗已被折磨得不成人形，“双目被剜，四肢皆折”。史可法上前抱住老师痛哭，左光斗听到学生的声音，用手拨开眼皮，怒目而视，愤慨骂道：“庸奴！此何地耶，而汝前来！国家事糜烂至此，老夫已矣，汝复轻生而昧大义，天下事谁可支柱者？！不速去……吾今即扑杀汝！”说罢，举起手上镣铐扑向学生，史可法只得流泪悄然而去。左光斗的高尚品质，深深铭刻在史可法心中，造就了他赤诚的肝胆。史可法的忠义，足以让他的恩师自豪，

1937 年夏无锡县立东林小学第三十届和级毕业同学留影

也足以让每一个读书人为之感动。

当清军大举进攻保定高阳城时，被《东林点将录》诬称为“地恶星没面目”的大学士孙承宗，以赋闲之身率领全城军民守城，城破被擒，自缢报国。孙家百余人遇害。

翰林院庶吉士顾锡畴，与魏忠贤乱政期间的奸辅顾秉谦为昆山同姓。顾秉谦主动要求与他联谱，企图笼络他，结果遭到严词拒绝。清军下江南，他住在浙江温州江心寺，招徕豪杰，以图恢复大举。其时南明浙江总兵贺君尧却乘乱作难，纵兵杀掠。顾锡畴见此大为气愤，立即上疏将其纠劾罢官。贺君尧大怒，率部围寺，兴师问罪。顾锡畴面对强敌，临危不惧，并高声大骂曰：“汝为国家大帅，不思忠国爱民，恢复封疆，却日事淫掠，还有天道人心么！”后被逼遇难。

刘宗周是浙东“蕺山学派”首领，曾讲学东林，与高攀龙相互研讨质疑，后以直谏被斥为民。清军下江南，他忧郁不食而死。

还有黄道周，在明亡后积极召募民众抗击清军，在浙西兵溃被执，后在南京不屈被害。

……

东林学派从其创世之日起，就具有强烈的社会忧患意识，面对世风日下、人心不古的现状，在学术上与“心学”末流进行了激烈的论争，旨在澄清人们的思想，挽救明末社会颓风；在政治上坚决抨击并反对阉党乱政和权贵专权，主张破格用人，提出了许多革新的思想主张。其中，顾宪成无疑是东林学派的精神领袖。人们称赞他为“一代大儒”、“豪杰而圣贤者”，认为他“文章兼之节义，道德合之功名。立朝固百折不回，居乡真一尘不染”，是“大节嶙峋”、“光明粹白”的“名儒君子”、“群贤领袖”。

明代黄宗羲在学术史专著《明儒学案》一书中，评赞东林学派“一堂师友，冷风热血，洗涤乾坤”。

清代人士称道顾宪成这一学派在讲学中能“明道作人”，贻其泽于后世，一身兼有“立德、立言、立功三不朽”，肯定东林学派思想“言之直接透彻，令学者如拨云雾见青天。砥姚江（王守仁）颓澜，遏娄东（管东溟）之狂焰，功不在孟子下”。并说“自熹庙（天启）之季，以迄国变，东林忠节辈出，而不减东京风俗之美者，实宪成风励居多也”。

戊戌变法首领康有为，对顾宪成及东林学派也极为称许，曾题句说：“少读明学案，倾仰在东林。高顾抗崇节，千仞振嵚岑。党人维国命，风然感吾心。”

近代史学大师梁启超对东林学派评论时指出：“举业论才事已衰，行间正气尚崔巍。亡明未是东林罪，为有书生作党魁。”

新文化运动旗手胡适称道东林学者在灾难面前不避屠

刀的风节，称他们“赴汤蹈火，尚仗义执言”，“前者死，后者继”。

教育家蔡元培对顾宪成其人其事进行评论时指出“昔有持科举不坏人才论者”，他并不相信这一说法。但他对顾宪成及其东林学派非常敬佩，说：“惟宏毅之才如端文公者，能不为科举所坏，则尤吾人所崇敬者耳。”

无产阶级革命家董必武高度赞扬了昔日的东林学者，作诗曰：“东林讲学继龟山，高顾声名旧史传。景仰昔贤风节著，瞻楹履阈学弥坚。”

自明代以降，“三声”“三事”就以箴言与学规的高度，深深镌刻在一代又一代的中国知识分子心中，将伏在书案上、钻在书本里的他们拽将起来，使“家国事”与“圣贤业”自觉熔铸一起，合于一心。

从此，“诵书琅琅”与“苍生在念”成为读书人并行不悖的两条前行路线，有了辽远而开阔的气象。

尽管中国知识分子为国为民的努力，可能以鲜血和生命做代价。但是，无论如何，“三声”“三事”，对于“两耳不闻窗外事，一心只读圣贤书”的“学究派”、“学成文武艺，货与帝王家”的“功利派”和“黄金屋、千钟粟、颜如玉”的“欲望派”，都是一个极大的匡正；反过来，“三声”“三事”，又是对儒家“修身齐家平天下”思想的诠释，对“吾善养我浩然之气”的传承，对“天下兴亡，匹夫有责”的践行。

值得注意的是：这副对联，初见于无锡惠山山麓的顾端文公祠，当时并无落款。后经专家考证，确定此联作者为顾宪成。到了 1947 年，无锡当地名流共同发起捐资重修东林书院。东林小学校长、顾宪成后裔顾希炯特地从顾端文公祠中拓来此联，按原式白底黑字，制成抱对，悬挂在依庸堂内。

由“书房”而“祠堂”，由“祠堂”而“小学”，由“小学”而“书院”，由“书院”而“精神殿堂”，这副对联的位置的几次迁徙，反映出了中国知识分子对对联和东林前驱们的价值在逐渐深化。

1960 年，曾任《人民日报》社长、总编辑的邓拓瞻仰东林遗迹，看到这副对联，深有感慨，写下《事事关心》一文，刊登在《燕山夜话》上。此后该文又成为中学语文教材，并流传至国外。自此该联广为人知，影响更加深远。那一次，邓拓还写下《过东林书院》一诗：

东林讲学继龟山，事事关心天地间。

莫谓书生空议论，头颅掷处血斑斑。

三四句竟成为邓拓在“文革”中的重要罪证。

1966 年，“文化大革命”初起，邓拓被打成“牛鬼蛇神”，与吴晗、廖沫沙被诬为“三家村”成员。这副对联也受到株连而被毁，其他有关东林文物也都悉付一炬。

1982 年，东林书院重修，特请“三家村”唯一的幸存者廖沫沙重书此联，悬挂在依庸堂内，见证风雨，铭刻沧桑。

今天的人们或许会问：“这样一个苦心经营 17 年，中国历史上历时最久、影响最大的士大夫集团，失败得如此惨重？”“为什么这样一批声势显赫的饱学之士，不能阻止大明王朝走向灭亡？”的确，在他们踌躇满志的时候，对阉党的聚集力量麻木不仁、丧失警惕，而且错误地试图劝告魏忠贤不要干政，这无异与虎谋皮；在大敌当前之际，他们认识既不一致，行动又迟缓，被阉党轻而易举地一举扑灭，铸成千古冤案。而且，作为当权的群体力量，没有利用有利的时机，拿出一套行之有效的治国方案，从而导致大明王朝的衰亡。那么，试问：东林士人“不这样”，“千古冤案”就能避免了吗？大明王朝的国祚就能延续了吗？事情远没有那么简单。

“三声”“三事”，是当年东林学者立学、立志和立人的标尺，后来又几乎成为一代又一代中国知识分子难以挥去的政治文化情结，成为以时代、国家、民族大义检验每一个知识分子的试金石。知识分子生存的意义和本能，就在于学以致用，就在于守护正义和道德，就在于站在人性和人道主义的立场上，对他所处的那个时代进行文化的批判。尽管当年的东林学人在冤屈面前，表现得无能为力，又带着几分无奈，但他们为追求道德理想、捍卫道义良知所体现的浩然正气和殉道精神，仍值得今人推崇。

东林书院虽一席片壤，但从明末经清代近270余年间，会众讲学之风列代承继，延续不断，东林学者为官清廉，讲学风、讲正气、躬行实践，锐意图新及热忱的爱国思想，是我国古代优良文化遗产的一个组成部分，其倡导的学以济世、视天下为己任的东林精神，为后世种下了启蒙的种子，点燃了思想的火炬。尽管，在随后数百年间，“风”太紧，“雨”太急，启蒙的“火炬”熄了燃、燃了熄，直至19世纪末，终于燃成了冲天的大火，烧成了燎原之势。

在东林书院的所在地无锡，洋务思想先驱薛福成以睿智的眼光观察世界大势，剖析国运危局，倡扬“以工商为先，耕战植其基，工商扩其用”，“夺外利以富吾民”，提出“导民生财”“为民理财”“殖财养民”“藏富于民”等一系列富民强国主张。还有，徐寿、华蘅芳、徐建寅等一批现代科学先驱，悉心钻研数学、物理、化学和工程技术，合作制造中国第一台蒸汽机、第一批工作母机、第一批轮船和现代枪炮，翻译介绍一大批国外科技论著，通过开办学堂、出版书刊，广泛传播现代科技知识，这为近代先进思潮和科技兴起提供了必要的支撑。

再后来，秦邦宪、陆定一、王昆仑等一批无锡籍优秀子弟，为了民族的解放、国家的独立，不惜抛头颅、洒热血，将自己的一生献给了革命事业。而孙冶方、薛暮桥，则作为市场经济的“布道者”，不畏权势，勇敢地拥护真理，坚持真理，为真理而战斗，为市场经济与中国现实的结合进行了艰辛的探索。

……

中国的读书人，自古就有经世致用的传统，他们以出世的态度做人，以入世的态度治学，看似柔软的肩膀上背负起的是一个民族最优秀的品质。

今天，让我们再一次跨进东林书院的大门，去聆听依

东林书院举办新春读《孝经》活动

然飘荡在上空的琅琅书声，探寻那些青衫白袖的士子们从历史深处走来的飘逸背影，瞻仰那副流传至今、并将永垂史册的著名对联，感受那一代中国知识分子用信仰和热血挥洒而成的气象魂魄……